대학생활을 위한

중국어
회화

基础向上

基础向上

대학생활을 위한

중국어
회화

崔明淑 著

校园活活

ⒷB · 인터북스

머리말

　『대학생활을 위한 중국어회화』(기초향상)는 정규교육기관에서 6개월 정도 기초중국어를 배운 학습자를 대상으로 발음에서부터 읽기, 말하기, 쓰기에 이르는 언어의 모든 요소를 반영하고 실질적인 회화 능력 배양을 목적으로 편찬된 교재입니다.

　『대학생활을 위한 중국어회화』(기초향상)는 주인공들이 학습하고 생활하는 데 있어 겪는 다양한 상황 회화를 통해 보편적으로 사용하는 대중화된 회화에 초점을 두었습니다. 일부 문형에 대해서는 예문과 확장학습을 통해 학습자들이 중국어의 일반적인 규칙을 파악하고, 자주 쓰이는 단어와 문형을 본문과 연습문제에서 반복 연습할 수 있도록 기획하였습니다.

　저자는 중국어회화 수업을 해오면서, 어떻게 하면 각기 다른 수준의 학습자들에게 실용적인 교재를 적용할까 하는 고민을 오랫동안 해왔습니다. 그동안 가르쳐온 경험을 살려 학습자의 수요와 스스로 참여할 수 있는 말하기 연습 등 면에 중점을 두고 삽화를 보면서 다양한 말하기 연습 문제를 통해 학습 내용 체크, 응용 및 활용 연습을 할 수 있도록 집필하였습니다.

　외국어를 자유자재로 구사한다는 것은 쉽지 않습니다. 그러나 각오와 의지를 가지고, 꾸준히 듣고 말하는 훈련을 반복한다면, 분명히 중국어를 정복할 수 있으리라고 확신합니다.

　이 교재는 앞으로도 학습자의 필요와 시대변화에 맞게 적절히 수정되어 나갈 것입니다. 더 많은 학습자들이 이 교재를 통해 자신의 생각을 중국어로 효과적으로 표현할 수 있기를 바랍니다.

이 책의 구성 및 학습 목표

각 과의 핵심 표현 및 핵심 어법이 한글로 삽화와 함께 설명되어 있어 이해가 빠르며, 각 과의 포인트를 확실히 익히고 넘어갈 수 있습니다. 문장 확장 연습을 통해 리듬감 있고 재미있게 마스터할 수 있습니다.

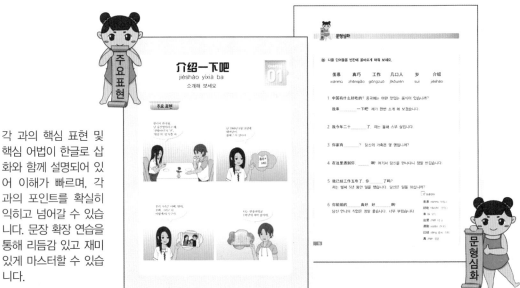

실제 생활에서 일어날 수 있는 다양한 상황별 대화문과 핵심어휘로 구성되었습니다.

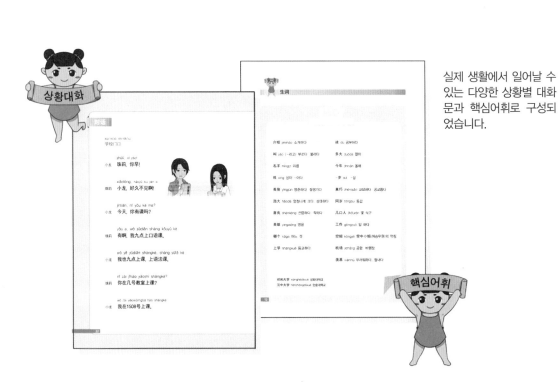

주어진 그림을 보고 제시된 단어 및 문형을 응용하여 자연스럽게 대화할 수 있도록 말하기 능력을 키웁니다.

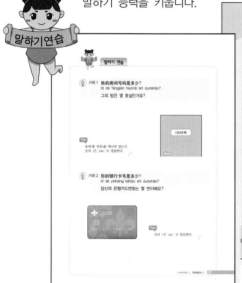

중국 가요로 숫자세기를 연습합니다. 동양에서 가장 아름다운 고전의 하나인 당시(唐詩) 四首로 친숙하게 다가설 수 있도록 친절한 해설을 붙였습니다.

각 과의 학습한 주요 어법을 익히고 심화하는 연습을 합니다. 그림을 보고 보충단어를 익히거나 배운 주요 어법을 다시 한 번 익혀 중국어실력을 높입니다.

"거울아, 거울아, 이 세상에서 누가 제일 예쁘니?" 명작동화 백설공주 이야기를 중국어로 더욱 쉽고 재미있게 배울 수 있도록 간결하게 전개되었습니다

목 차

CHAPTER 01 **介绍一下吧**　　　　　　　11
jièshào yíxià ba
소개해 보세요

CHAPTER 02 **号码是多少?**　　　　　　　21
hàomǎ shì duōshǎo
번호가 어떻게 돼요?

CHAPTER 03 **你在干什么?**　　　　　　　31
nǐ zài gàn shénme ne
당신은 무엇을 하고 있나요?

CHAPTER 04 **明洞怎么走?**　　　　　　　41
míngdòng zěnme zǒu?
명동에 어떻게 가요?

CHAPTER 05 **一杯多少钱?**　　　　　　　51
yìbēi duōshǎo qián
한 잔에 얼마예요?

复习　　　　　　　62

CHAPTER 06 **便宜点儿吧**   **65**
piányi diǎnr ba
할인해 주세요.

CHAPTER 07 **天气冷不冷?**   **79**
tiānqì lěng bu lěng?
날씨가 추운가요?

CHAPTER 08 **你感冒了吗?**   **91**
nǐ gǎnmào le ma?
감기에 걸렸어요?

CHAPTER 09 **周末有空吗?**   **101**
zhōumò yǒu kòmg ma?
주말에 시간 있어요?

CHAPTER 10 **来我家玩吧**   **113**
lái wǒ jiā wán ba
우리 집에 놀러 오세요.

复习   **124**

白雪公主   **128**
báixuěgōngzhǔ
백설공주

본문해석   **135**

请跟我读

价格表

冰咖啡	20元
鲜橙汁	25元
苹果汁	25元
西瓜汁	29元
葡萄汁	元

老板
lǎobǎn
사장님

服务员
fúwùyuán
종업원

于小龙
yúxiǎolóng
위야오롱

朴珠莉
piáozhūlì
박주리

金善英
jīnshànyīng
김선영

李俊浩
lǐjùnhào
이준호

介绍一下吧
jièshào yíxià ba
소개해 보세요

CHAPTER 01

주요 표현

만나서 반가워.
난 김선영이라고 해.
'선량하다'의 '선',
'영웅'의 '영'자를 써

난 1998년 8월 18일에
태어났어.
올해 스무 살이야

우리 가족은 아빠, 엄마,
오빠, 그리고 나.
이렇게 네 식구야.

나는 한중대학교
1학년에 재학 중이야.

介绍 jièshào 소개하다

叫 jiào (~라고) 부르다. 불리다

名字 míngzi 이름

姓 xìng 성이 ~이다

英俊 yīngjùn 영준하다. 잘생기다

浩大 hàodà 엄청나게 크다. 성대하다

善良 shànliáng 선량하다. 착하다

英雄 yīngxióng 영웅

哪个 nǎge 어느 것

上学 shàngxué 등교하다

读 dú 공부하다

多大 duōdà 얼마

今年 jīnnián 올해

~岁 suì ~살

真巧 zhēnqiǎo 교묘하다. 공교롭다

同岁 tóngsuì 동갑

几口人 jǐkǒurén 몇 식구

工作 gōngzuò 일 하다

空姐 kōngjiě 空中小姐(여승무원)의 약칭

机场 jīchǎng 공항. 비행장

羡慕 xiànmù 부러워하다. 탐내다

祥和大学 xiánghédàxué 상화대학교
汉中大学 hànzhōngdàxué 한중대학교

nǐhǎo
俊浩　你好!

nǐhǎo nǐ jiào shénme míngzi
善英　你好! 你叫什么名字?

wǒ jiào lǐjùnháo。"yīngjùn"de"jùn","hàodà"de"hào"
俊浩　我叫李俊浩。"英俊"的"俊","浩大"的"浩"。

wǒ jiào jīnshànyīng。"shànliáng"de"shàn","yīngxióng"de"yīng"
善英　我叫金善英,"善良"的"善","英雄"的"英"。

nǐ zài nǎge xuéxiào shàngxué?
俊浩　你在哪个学校上学?

wǒ zài xiánghédàxué shàngxué。nǐ ne?
善英　我在祥和大学上学。你呢?

wǒ zài hànzhōngdàxué shàngxué, xiànzài dú dàyī
俊浩　我在汉中大学上学, 现在读大一。

善英　nǐ jīnnián duō dà le?
你今年多大了？

俊浩　wǒ jīnián èrshí suì le。
我今年二十岁了。

善英　zhēnqiǎo, wǒmen tóngsuì a
真巧，我们同岁啊。

俊浩　nǐ de shēngrì shì shénme shíhou?
你的生日是什么时候？

善英　wǒ de shēngrì shì yījiǔjiǔbā nián bāyuè shíbā hào
我的生日是1998年8月18号。

俊浩　wǒ de shēngrì shì yījiǔjiǔbā nián shíyuè shíhào
我的生日是1998年10月10号。

nǐ jiā yǒu jǐ kǒurén?

善英　你家有几口人?

wǒ jiā yǒu sì kǒurén, bàba, māma, jiějie hé wǒ

俊浩　我家有四口人, 爸爸, 妈妈, 姐姐和我。

nǐ jiějie zuò shénme gōngzuò?

善英　你姐姐做什么工作?

wǒ jiějie shì kōngjiě, zài jīchǎng gōngzuò

俊浩　我姐姐是空姐, 在机场工作。

wā! hǎo xiànmù a!

善英　哇! 好羡慕啊!

▶ 다음 단어들을 빈칸에 올바르게 채워 보세요.

羡慕	真巧	工作	几口人	岁	介绍
xiànmù	zhēnqiǎo	gōngzuò	jǐkǒurén	suì	jièshào

1 中国有什么好吃的? 중국에는 어떤 맛있는 음식이 있습니까?

   我来_____一下吧! 제가 한번 소개 해 보겠습니다.

2 我今年二十_____了。 저는 올해 스무 살입니다.

3 你家有_____? 당신의 가족은 몇 명입니까?

4 在这里遇到你, _____ 啊! 여기서 당신을 만나다니 정말 반갑습니다.

5 我已经工作五年了, 你_____了吗?
   저는 벌써 5년 동안 일을 했습니다. 당신은 일을 하십니까?

6 你姐姐的_____真好, 好_____啊!
   당신 언니의 직업은 정말 좋습니다. 너무 부럽습니다.

보충단어

羡慕 xiànmù 부럽다

好吃 hǎochī 맛있다

来 lái 오다

这里 zhèlǐ 이 곳

遇到 yùdào 만나다

已经 yǐjīng 벌써, 이미

真 zhēn 정말

说一说 **몸풀기 연습**

▶ 다음 단어들을 응용하여 그림에 맞게 대답해 보세요.

💡 **问题 1** 你叫什么名字?
nǐ jiào shénme míngzi?

당신의 이름은 무엇입니까?

Tips

이름에 어떤 뜻의 글자를 사용하는지도 함께 정
확하게 말하는 게 필요하다. 한자를 설명하기 위
해서는 쉬운 단어나 모두 다 아는 사람의 이름이
나 서명, 지명 등을 이용하여 말하는 것이 좋다.

💡 **问题 2** 请说出你的出生年月日。
qǐng shuōchū nǐ de chūshēng nián yuè rì

당신의 생년월일을 말해주세요.

Tips

출생연도를 말하고 이어서 나이를
말하면 된다. 연도는 숫자를 하나
씩 말하면 된다.

问题 3 **你家有几口人？**
nǐ jiā yǒu jǐ kǒurén?

당신의 가족은 몇 명입니까?

Tips

식구수와 가족 구성원 중 어느 것
을 먼저 말해도 상관없다.

 问题 4 **你在哪个学校上学？**
nǐ zài nǎge xuéxiào shàngxué?

당신은 어느 학교에 다닙니까?

Tips

학교명칭을 말하고 이어서 학년을
말하면 된다.

介 绍 一 下 吧

今 年 二 十 岁

现 在 读 大 二

真 巧 我 们 同 岁

在 机 场 工 作

好 羡 慕 啊

MEMO

号码是多少?
hàomǎ shì duōshǎo
번호가 어떻게 돼요?

CHAPTER 02

주요 표현

오늘 몇 시에 수업 있어?

몇 호 강의실에서 수업해?
나는 1808호 강의실에서
수업해.

내 새 폰 번호야.
010-6649-3520

수업 끝나고 전화 할게!

xuéxiào ménkǒu
学校门口

zhūlì, nǐ zǎo!

小龙　珠莉，你早！

xiǎolóng, hǎojiǔ bú jiàn a

珠莉　小龙，好久不见啊！

jīntiān, nǐ yǒu kè ma?

小龙　今天，你有课吗？

yǒu a, wǒ jiǔdiǎn shàng kǒuyǔ kè

珠莉　有啊，我九点上口语课。

wǒ yě jiǔdiǎn shàngkè, shàng yǔfǎ kè

小龙　我也九点上课，上语法课。

nǐ zài jǐhào jiàoshì shàngkè?

珠莉　你在几号教室上课？

wǒ zài yāowǔlíngbā hào shàngkè

小龙　我在1508号上课。

珠莉　wǒ zài yāobālíngbā hào, xiàkè hòu, yìqǐ chīfàn ba
我在1808号，下课后，一起吃饭吧。

小龙　hǎo a! nǐ yǒu wǒ de xīn shǒujī hàomǎ ma?
好啊！你有我的新手机号码吗？

珠莉　wǒ méiyǒu, nǐ gàosu wǒ ba
我没有，你告诉我吧。

小龙　língyāolíng–liùliùsìjiǔ–sānwǔèrlíng
010-6649-3520

珠莉　xiàkè hòu, wǒmen tōnghuà ba
下课后，我们通话吧。

小龙　hǎo de! wǒ děng nǐ diànhuà
好的！我等你电话！

010-6649-3520

珠莉　nà!　yíhuìr jiàn!
那！一会儿见！

小龙　báibai !
拜拜!

生词

好久不见 hǎojiǔbújiàn 오래간만이에요

上 shàng 수업하다

口语 kǒuyǔ 회화

语法 yǔfǎ 어법

教室 jiàoshì 교실

一起 yìqǐ 같이

新 xīn 새롭다. 새 것의

手机 shǒujī 휴대폰

号码 hàomǎ 번호

告诉 gàosu 말하다. 알리다

通话 tōnghuà 통화하다

等 děng 기다리다

那(么) nà(me) 그렇다면

一会儿 yíhuìr 잠깐 동안. 곧

拜拜 báibai 안녕

수량을 물을 때 쓰는 '几'와 '多少'

几 jǐ
10 이하의 숫자 일 때 쓸 수 있다.

几 + 양사 + 명사

보기 你有几个包?
당신은 가방이 몇 개 있어요?

多少 duōshǎo
수량에 관계없이 쓸 수 있다.

뒤에 양사가 와도 되고 오지 않아도 된다.

보기 号码是多少?
번호가 어떻게 돼요?

우리는 일상생활 속에서 많은 번호들과 만나게 됩니다. 휴대전화 번호, 방 번호, 날짜, 카드 번호 등 번호들을 익혀 보세요.

▶ 전화번호를 연습해 보세요.

1 你的电话号码是多少?
nǐ de diànhuà hàomǎ shì duōshǎo?
당신의 전화번호는 몇 번인가요?

Tips

전화번호를 말할 때 숫자 1은 "yāo"로 발음한다. '010'은 'língyāolíng'으로 발음한다.

2 다음 중국의 전화번호를 듣고 빈칸에 알맞게 숫자를 채워 보세요.

> □ 金善英 1 3 0 - 3 7 ___ - ___ ___ 9
> □ 于小龙 1 3 3 - 1 5 ___ ___ - ___ ___ ___
> □ 李俊浩 1 3 4 - ___ ___ ___ - ___ ___ ___
> □ 朴珠莉 1 3 6 - _ 9 _ 8 - 7 9 ___
> □ 王丽丽 1 3 8 - ___ ___ 5 0 - 4 ___
> □ 张冰冰 1 3 9 - ___ ___ 6 6 - ___ ___

3 친구들끼리 각자의 전호번호를 불러 적어 보세요.

Tips

한국과는 달리 중국의 휴대전화 번호는 136, 138, 139 등으로 시작을 한다. 중국인들은 이 번호에도 의미를 두고 있다. '136'은 일생 동안 큰 문제없이 순조롭게 산다는 뜻이고, '138'은 한평생 복이 있다는 뜻이며 '139'는 오랫동안 무병장수하기를 바란다는 뜻이다. 이렇듯 숫자 하나하나에 나름대로의 의미를 두고 있다. '8'이 들어가는 전화번호는 돈을 주고라도 산다. 아파트도 8층, 808호 등 '8'이 들어가면 로열층으로 프리미엄가격이 된다.

▶ 날짜에 대해 연습해 보세요.

보충단어

考试 kǎoshì 시험을 치다

结婚 jiéhūn 결혼을 하다

教师节 jiàoshījié 스승의 날

보기	A 你几月几号开学？	B 我九月一号开学。
生日	A 你几月几号生日？	B
考试	A 你几月几号考试？	B
结婚	A 你姐姐几月几号结婚？	B
教师节	A 几月几号是教师节？	B

▶ 시간에 대해 연습해 보세요.

다음 문장을 듣고 알맞게 시간을 그려 보세요.

起床

上课

吃晚饭

睡觉

问题 1 他的房间号码是多少?
tā de fángjiān hàomǎ shì duōshǎo?

그의 방은 몇 호실인가요?

1808号

Tips

숫자(방 번호)를 하나씩 읽는다.
숫자 1은 'yāo' 로 발음한다.

 问题 2 你的银行卡号是多少?
nǐ de yínháng kǎhào shì duōshǎo?

당신의 은행카드번호는 몇 번이예요?

惠比银行

4101 2020 0401 5580

Tips

숫자 1은 'yāo' 로 발음한다.

问题3 你的微信号是多少？
nǐ de wēixìn hào shì duōshǎo?

당신의 위챗 ID는 어떻게 되나요?

ID:weixin18376679

号 码 是 多 少

上 语 法 课

几 号 教 室 上 课

新 手 机 号 码

等 你 电 话

拜 拜

数青蛙
shǔ qīng wā

一只青蛙一张嘴
yìzhī qīngwā yìzhāng zuǐ

两只眼睛四条腿
liǎngzhī yǎnjing sìtiáo tuǐ

扑通一声跳下水。
pūtōng yìshēng tiàoxià shuǐ

两只青蛙两张嘴
liangzhī qīngwā liangzhāng zuǐ

四只眼睛八条腿
sìzhī yǎnjing bātiáo tuǐ

扑通扑通两声跳下水。
pūtōng pūtōng liǎngshēng tiàoxià shuǐ

三只青蛙三张嘴
sānzhī qīngwā sānzhāng zuǐ

六只眼睛十二条腿
liùzhī yǎnjing shíèrtiáo tuǐ

扑通扑通扑通三声跳下水。
pūtōng pūtōng pūtōng sānshēng tiàoxià shuǐ

四只青蛙四张嘴
sìzhī qīngwā sìzhāng zuǐ

八只眼睛十六条腿
bāzhī yǎnjing shíliùtiáo tuǐ

扑通扑通扑通扑通四声跳下水。
pūtōng pūtōng pūtōng pūtōng sìshēng tiàoxià shuǐ。

중국어 동요 '개구리세기'
개구리 한 마리, 입 하나, 눈 두 개, 다리 네 개, 풍덩, 소리 한 번 내고 물에 뛰어 들어간다.
개구리 두 마리, 입 두 개, 눈 네 개, 다리 여덟 개, 풍덩, 풍덩, 소리 두 번 내고 물에 뛰어 들어간다.
개구리 세 마리, 입 세 개, 눈 여섯 개, 다리 열두 개, 풍덩, 풍덩, 풍덩, 소리 세 번 내고 물에 뛰어 들어간다.
개구리 네 마리, 입 네 개, 눈 여덟 개, 다리 열여섯 개, 풍덩, 풍덩, 풍덩, 풍덩, 소리 네 번 내고 물에 뛰어 들어간다.

你在干什么?

nǐ zài gàn shénme ne

당신은 무엇을 하고 있나요?

주요 표현

小龙　喂，善英，你在哪儿呢？
wéi, shànyīng, nǐ zài nǎr ne?

善英　我在宿舍呢！
wǒ zài sùshè ne!

小龙　你在宿舍干什么呢？
nǐ zài sùshè gàn shénme ne?

善英　我在做汉语作业呀。
wǒ zài zuò hànyǔ zuòyè ya

小龙　珠莉，她干什么呢？
zhūlì, tā gàn shénme ne?

善英　珠莉正在厨房做菜呢.
zhūlì zhèngzài chúfáng zuò cài ne

小龙　你们晚上吃什么呀？
nǐmen wǎnshang chī shénme ya?

善英　wǒmen chī jīdàn chǎofàn。nǐ yǒu shìr ma?
我们吃鸡蛋炒饭。你有事儿吗？

小龙　míngtiān xīngqīliù, nǐmen yǒu shénme jìhuà ma?
明天星期六，你们有什么计划吗？

善英　míngtiān zhūlì qù jiàn nánpéngyou, wǒ méiyǒu shénme jìhuà
明天珠莉去见男朋友，我没有什么计划。

小龙　zhènghǎo, wǒ yǒu liǎngzhāng diànyǐng piào, yìqǐ qù ba
正好，我有两张电影票，一起去吧！

善英　tài hǎo le, wǒ dōu hǎojiǔ méiyǒu kàn diànyǐng le
太好了，我都好久没有看电影了。

小龙　nà, míngtiān wǎnshang qīdiǎn, wǒ zài sùshè ménkǒu děng nǐ
那，明天晚上七点，我在宿舍门口等你。

善英　hǎo de, míngtiān jiàn!
好的，明天见！

在 zàii ~하고 있는 중이다

哪儿 nǎr 어디

宿舍 sùshè 기숙사

作业 zuòyè 숙제

干 gàn ~을 하다

厨房 chúfáng 주방

做菜 zuòcài 요리하다

鸡蛋 jīdàn 계란

炒饭 chǎofàn 볶음밥

事儿 shìr 일

计划 jìhuà 계획

正好 zhènghǎo 마침

两张 liǎngzhāng 두 장

电影票 diànyǐngpiào 영화표

好久 hǎojiǔ 오랜만

门口 ménkǒu 문 입구

等 děng 기다리다

在 zài

"在，正在" ~을 하고 있다. ~하고 있는 중이다.
동사 앞에 동작이 진행되고 있음을 나타낸다.
이렇게 진행형을 말할 때는 문장 끝에 "了"나 "过"
를 넣지 않도록 주의해야 한다!

어느 장소에 어떤 사물, 또는 사람의 유무에 관한 질문에 대답하려면 장소명사를 많이 아는 것이 유리하다. 자주 사용하는 장소명사를 반드시 외우도록 합시다.

▶ 아래 단어들을 선으로 연결하고 문장을 말해 보세요.

电影院 •	• 看病
书店 •	• 取钱
医院 •	• 喝咖啡
银行 •	• 买书
食堂 •	• 喝茶
咖啡厅 •	• 看电影
茶楼 •	• 吃饭

☑ 보충단어

电影院 diànyǐngyuàn 영화관	**看病** kànbìng 진료하다
书店 shūdiàn 서점	**取钱** qǔqián 돈을 인출하다
医院 yīyuàn 병원	**喝咖啡** hēkāfēi 커피를 마시다
银行 yínháng 은행	**买书** mǎishū 책을 사다
食堂 shítáng 식당	**喝茶** hēchá 차를 마시다
咖啡厅 kāfēitīng 커피숍	**看电影** kàndiànyǐng 영화를 보다
茶楼 chálóu 차집	**吃饭** chīfàn 밥을 먹다

다음 보기와 같이 질문에 대답해 보세요.

星期天，你常去哪儿? 일요일에 보통 어디 가세요?

电影院 / 看电影

보기 星期天，我常去电影院看电影。
일요일에 저는 종종 영화관에 가서 영화를 봅니다.

书店 / 看书

商场 / 买东西

晚上，你常做什么? 밤에 보통 뭐 하세요?

家 / 看电视

보기 晚上，我常在家看电视。
저녁에 저는 종종 집에서 텔레비전을 봅니다.

宿舍 / 做作业

网吧 / 玩游戏

보충단어

游戏 yóuxì 게임

말하기 연습

 问题 1　**喂，小王，你在家吗？**
　　wéi, xiǎowáng, nǐ zài jiā ma?

　　여보세요, 샤오왕, 너 집에 있니?

Tips

문제 1, 2는 모두 그림과 다른 동
작에 관한 문제이다. 이럴 땐 먼저
'不', '不是'라고 말하고 그림에 맞
는 동작에 대한 설명을 하면 된다.

问题 2　**你在宿舍吗？**
　　nǐ zài sùshè ma?

　　당신은 기숙사에 있어?

问题 3　**教室里有什么?**

jiàoshì lǐ yǒu shénme?

교실에는 무엇이 있나요?

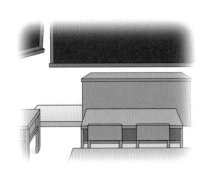

Tips

'教室 + 里'는 교실 + 안(방위사) : 이 문제는 어디에 무엇이 있는지를 묻는 문제이다. 대답할 때 '在 + 장소명사 + 방위사' 순서로 대답할 수 있다. 여기서 책상, 의자, 텔레비전 등은 꼭 양사 '一张, 一把, 一台'와 같이 사용하도록 한다.

张 zhāng 평면이나 평면이 있는 물체에 사용한다.
　　　　　 펼칠 수 있는 물건에 사용한다.
把 bǎ 손으로 셀 수 있는 물건을 셀 때 사용한다.
台 tái 기계를 셀 때 사용한다.

 问题 4　**周日，我们一起去看电影吧!**

zhōurì, wǒmen yìqǐ qù kàn diànyǐng ba!

일요일에 우리 같이 영화 보러 가요!

Tips

자신이 이 상황에 처해있다고 생각하고 바로 앞에 있는 사람과 대화를 나누듯이 자연스럽게 대답을 한다.

| 在 | 宿 | 舍 | 干 | 什 | 么 |

| 做 | 汉 | 语 | 作 | 业 | |

| 正 | 在 | 橱 | 房 | 做 | 菜 |

| 没 | 有 | 什 | 么 | 计 | 划 |

| 有 | 两 | 张 | 电 | 影 | 票 |

| 在 | 宿 | 舍 | 门 | 口 | 等 |

MEMO

明洞怎么走?
míngdòng zěnme zǒu?
명동에 어떻게 가요?

CHAPTER 04

주요 표현

주리야, 명동에 가려면 어떻게 가야 돼?

120번 버스 타고 가면 돼. 멀지 않아.

앞으로 쭉 가면, 편의점이 하나 있을 거야. 그 옆에 바로 있어.

내일 토요일인데, 너희 무슨 계획 있어?

便利店

편의점은 여기에서 멀어?

그렇게 안 멀어. 약 100미터 정도 가면 바로 도착해.

俊浩　zhūlì, nǐ cháng qù míngdòng ma?
珠莉，你常去明洞吗？

珠莉　shì a, wǒ cháng hé nánpéngyǒu qù míngdòng wánr
是啊，我常和男朋友去明洞玩儿。

俊浩　jīntiān wǒ qù míngdòng, dànshì bù zhīdào zěnme zǒu?
今天我去明洞，但是不知道怎么走？

珠莉　nǐ zuò yìbǎièrshí lù gōnggòng qìchē ba。
你坐120路公共汽车吧。

俊浩　yìbǎièrshí lù chēzhàn zài nǎr?
120路车站在哪儿？

珠莉　yìzhí wǎng qián zǒu, yǒu ge biànlìdiàn, pángbiān jiù shì
一直往前走，有个便利店，旁边就是。

biànlìdiàn lí zhèr yuǎn ma?
俊浩　便利店离这儿多远？

bù tài yuǎn, dàgài zǒu yìbǎi mǐ jiù dào le
珠莉　不太远，大概走100米就到了。

xièxiè nǐ
俊浩　谢谢你！

méi shénme! wǒ yě qù chēzhàn, wǒmen shùnlù
珠莉　没什么！　我也去车站，我们顺路。

tài hǎo le。 yīqǐ zǒu ba
俊浩　太好了。一起走吧。

明洞 míngdòng 명동

玩儿 wánr 놀다

常 cháng 항상. 늘

男朋友 nánpéngyǒu 남자친구

但是 dànshì 그러나

怎么走 zěnmezǒu 어떻게 가다

坐 zuò 타다

公共汽车 gōnggòngqìchē 버스

~路 ~lù 노선

车站 chēzhàn 정류장

一直 yìzhí 계속. 곧장

往 wǎng ~로

前 qián 앞

走 zǒu 걷다. 가다

便利店 biànlìdiàn 편의점

旁边 pángbiān 옆

就是 jiùshì 바로

离 lí ~로부터

多 duō 얼마

远 yuǎn 멀다

大概 dàgài 대략. 대체로

到 dào 도착하다

没什么 méishénme 천만에요

顺路 shùnlù 같은 방향

怎么走? zěnmezǒu

'어떻게 갑니까?'라는 뜻으로 가는 방향을 물을 때 사용한다.

> 보기   明洞站怎么走?   명동역에 어떻게 갑니까?

坐 zuò

'坐'는 '(교통수단)타다'라는 뜻으로 지하철, 버스, 기차 등 일반적인 교통수단을 탈 때 사용한다. 단 자전거를 탈 때는 '骑'를 사용한다.

> 보기   坐公共汽车   버스를 타다.
>   坐火车   기차를 타다.
>   坐飞机   비행기를 타다.
>   骑自行车   자전거를 타다.

往 wǎng

'往'은 '쪽으로'라는 뜻으로 동작의 방향을 나타낸다.

> 보기   一直往前走。   쭉(곧장) 앞으로 갑니다.

离 lí

'离'는 '~로부터', '~에서'라는 뜻으로 거리가 어떤 기준점으로부터 떨어져 있음을 나타낸다.

> 보기   学校离这儿多远?   학교에서 여기까지 얼마나 멉니까?

▶ 다음 그림을 보고 보기와 같이 장소, 방위에 관한 표현을 이용하여 말해 보세요.

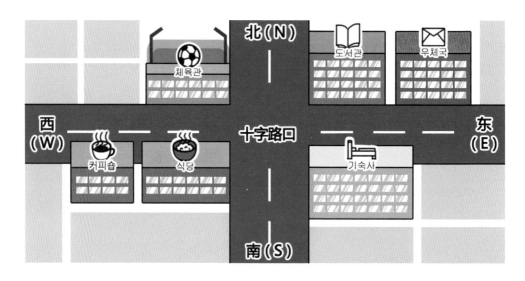

往 + 방위사 + 走

yìzhí wǎng qiánzǒu
一直 往 前走
곧장 앞으로 가다

자주 사용하는 방위사	~边儿 biānr
旁边儿 pángbiānr 옆(쪽)	东边儿 dōngbiānr 동쪽
前边儿 qiánbiānr 앞(쪽)	西边儿 xībiānr 서쪽
后边儿 hòubiānr 뒤(쪽)	南边儿 nánbiānr 남쪽
左边儿 zuǒbiānr 왼쪽	北边儿 běibiānr 북쪽
右边儿 yòubiānr 오른쪽	对面 duìmiàn 맞은 편

图书馆

보기 图书馆在邮局的旁边
도서관은 우체국의 옆에 있습니다.

咖啡厅

体育馆

宿舍

问题 1 **你坐几路车上学?**

nǐ zuò jǐ lù chē shàngxué?

당신은 몇 번 버스를 타고 학교에 가나요?

Tips

두 자리 숫자 버스의 번호를 말할 때에는 숫자를 하나하나씩 말하면 안 되고 숫자를 세는 법으로 읽어야 한다. 58번 버스의 경우 '58+路' '五十八路'로 말한다. 만약 세 자리 숫자 버스의 경우 '580번'은 '五百八十路'로 말한다.

 问题 2 **请问, 去明洞站怎么走?**

qǐngwèn, qù míngdòng zhàn zěnme zǒu?

말씀 좀 여쭐게요. 명동역까지 어떻게 가나요?

Tips

지하철 3호선일 경우 '三号线'으로 말한다.

问题 3 **百货商店在哪儿?**

bǎihuò shāngdiàn zài nǎr?

백화점은 어디에 있어요?

Tips

방향을 나타내는 방위사 옆(旁边儿), 왼쪽(左边儿), 오른쪽(右边儿), 맞은편(对面) 등으로 말한다.
예를 들면 '백화점은 영화관 옆에 있다'를 '百货商店在电影院的旁边儿'로 말한다.

 问题 4 **医院离学校多远?**

yīyuàn lí xuéxiào duō yuǎn?

병원은 학교에서 얼마나 먼가요?

Tips

어느 한 지점을 기준으로 '어디까지 거리가 떨어져 있다'를 말할 때 보통 '离'를 사용한다. '200m'는 '二百米' 혹은 '两百米'로 말할 수 있다.

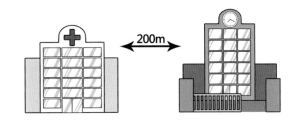

不 知 道 怎 么 走

坐 120 路 汽 车

一 直 往 前 走

离 这 儿 多 远

大 概 走 100 米

不 太 远 很 近

咏 鹅
yǒng é

[唐] 骆宾王

é é é
鹅, 鹅, 鹅,

qǔ xiàng xiàng tiān gē
曲 项 向 天 歌。

bái máo fú lǜ shuǐ
白 毛 浮 绿 水,

hóng zhǎng bō qīng bō
红 掌 拨 清 波。

거위야, 거위야, 거위야
굽은 목이 하늘을 향해 노래를 하네
흰 털은 깊고 맑은 물에서 헤엄을 치고
붉은 발바닥은 맑은 물결을 헤친다.

낙빈왕 (骆宾王, 638~684)
당나라 초기의 시인. 그의 직위가 왕(王)이 아니고 성이 낙,
이름이 빈왕이다.
이 시는 시인이 일곱 살 때 지은 시이다.

一杯多少钱?
yìbēi duōshǎo qián
한 잔에 얼마예요?

주요 표현

29원입니다.
포도 주스도 가격
똑같습니다.

사장님, 여기 뭐가
제일 맛있어요?

수박주스, 포도주스
다 맛있습니다.

수박 주스
얼마예요?

价格表

鲜橙汁　25元
苹果汁　25元
西瓜汁　29元
葡萄汁　29元

아이스커피는
얼마예요?

주스보다 싼 가격
20원입니다.

저는 아이스커피
주세요

20元　　**29元**

카드로 할게요!

카드결제 하시겠습니까
아니면 현금결제
하시겠습니까?

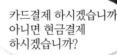

yǐnpǐndiàn
饮品店

huānyíng guānglín
老板　欢迎光临!

lǎobǎn, zhèlǐ shénme zuì hǎo hē?
俊浩　老板，这里什么最好喝?

xīguā zhī, pútao zhī dōu hěn hǎo hē
老板　西瓜汁、葡萄汁都很好喝。

xīguā zhī duōshǎo qián?
俊浩　西瓜汁多少钱?

yìbēi èrshíjiǔ kuài qián
老板　一杯29块钱。

pútao zhī ne?
俊浩　葡萄汁呢?

老板　jiàqián yíyàng, yě shì èrshíjiǔ kuài qián
老板　价钱一样，也是29块钱。

俊浩　bīng kāfēi yìbēi duōshǎo qián?
俊浩　冰咖啡一杯多少钱啊？

老板　bīng kāfēi bǐ guǒzhī piányi, yìbēi èrshí kuài qián
老板　冰咖啡比果汁便宜，一杯20块钱。

俊浩　nà wǒ yào yìbēi bīng kāfēi ba
俊浩　那我要一杯冰咖啡吧。

老板　nín shì xiànjīn háishì shuā kǎ?
老板　您是现金还是刷卡。

俊浩　wǒ shuā kǎ
俊浩　我刷卡。

饮品店 yǐnpǐndiàn 음료점

老板 lǎobǎn 사장님

欢迎 huānyíng 환영하다

光临 guānglín 찾아주시다

好喝 hǎohē 마시기 좋다

西瓜 xīguā 수박

汁 zhī 즙. 주스

葡萄 pútao 포도

一杯 yìbēi 한잔

块 kuài (인민폐의 단위)원

钱 qián 돈

价钱 jiàqián 가격

一样 yíyàng 같다. 동일하다

冰咖啡 bīngkāfēi 아이스커피

比 bǐ ~보다

果汁 guǒzhī 과일 주스

便宜 piányi 저렴하다

要 yào 희망하다. 원하다

现金 xiànjīn 현금

还是 háishì 아니면~

刷 shuā 결제하다. 긁다

卡 kǎ 카드

문법설명

还是 háishì

선택의문문 : 아니면~

접속사 '还是'를 이용하여 두 가지의 가능한 대답을 열거하고 대답하는 사람이 그 중 하나를 선택하도록 한다.

> 보기 你喝咖啡还是茶? 커피를 마실래요 아니면 차를 마실래요?

要 yào

조동사 : ~하고 싶다. ~하려고 하다.

> 보기 你要喝什么? 당신은 뭘 마시고 싶어요?

동사 : ~원하다.

> 보기 我要一杯咖啡。 커피 한잔 주세요.

人民币 rénmínbì 인민폐

(人民币 rénmínbì) 구어 표현 : 인민폐는 서면어 표현과 구어 표현이 있다. 서면어 표현은 인민폐에 실제로 써있는 화폐 단위를 말하며, 구어 표현은 회화에서 말할 때 표현하는 것을 말한다.

금액 숫자 표시	서면어 표현	구어 표현
8元	八元 bāyuán	八块 bākuài
0.8元	八角 bājiǎo	八毛 bāmáo
0.08元	八分 bāfēn	八分 bāfēn

'毛'나 '分'이 마지막 위치에 올 때에는 생략하여 말하지 않을 수도 있다.

▶ 다음 과일 종류 및 가격에 대해 말해 보세요.

물건의 무게 근(斤 jīn)
한국은 한 근이 600g인데,
중국은 한 근이 500g이다.

苹果 píngguǒ

斤 / 2.00元

梨 lí

斤 / 1.00元

香蕉 xiāngjiāo

斤 / 1.00元

西瓜 xīguā

斤 / 3.00元

草莓 cǎoméi

斤 / 5.00元

葡萄 pútao

斤 / 2.80元

보기 A 苹果一斤多少钱? 사과는 한 근에 얼마입니까?
B 苹果一斤2块钱。 사과는 한 근에 2원입니다.

A 梨二斤多少钱?　　　B

A 西瓜三斤多少钱?　　B

A 葡萄十斤多少钱?　　B

▶ 다음 문구 종류 및 가격에 대해 말해 보세요.

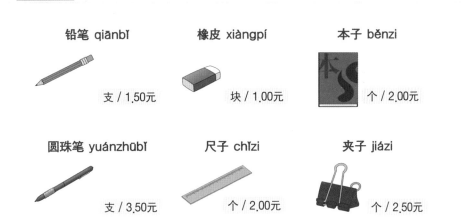

铅笔 qiānbǐ
支 / 1.50元

橡皮 xiàngpí
块 / 1.00元

本子 běnzi
个 / 2.00元

圆珠笔 yuánzhūbǐ
支 / 3.50元

尺子 chǐzi
个 / 2.00元

夹子 jiázi
个 / 2.50元

보기　A 一支铅笔多少钱? 연필 한 자루에 얼마입니까?

　　　　B 一支铅笔一块五(毛钱)。 연필 한 자루에 1.50원(1원50전)입니다.

A	B
A	B
A	B

다음 물건을 세는 양사들을 선으로 연결해 보세요.

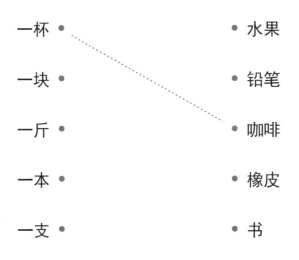

一杯 •	• 水果
一块 •	• 铅笔
一斤 •	• 咖啡
一本 •	• 橡皮
一支 •	• 书

보충단어

支 zhī 곧고 딱딱하며 가늘고 긴 물건을 셀 때 쓰인다.

杯 bēi 잔을 셀 때 쓰인다.

本 běn 책, 출판물을 셀 때 쓰인다.

块 kuài 덩어리나 조각 모양의 물건에 쓰인다.

다음을 읽고 질문에 대답해 보세요.

周末，珠莉去市场。 市场里的水果真多呀！
苹果、梨、香蕉、西瓜、草莓、葡萄......
苹果一斤3块钱，香蕉一斤4块钱，西瓜一斤5块钱......
珠莉很喜欢吃西瓜，但是西瓜比其他水果贵，
所以买了一斤苹果，两斤香蕉。

1 珠莉周末去哪儿了？

_____

2 珠莉买了什么？

_____

3 珠莉一共花了多少钱？

_____

 보충단어

市场 shìchǎng 시장	**贵** guì 비싸다
喜欢 xǐhuān 좋아하다	**所以** suǒyǐ 그래서. 때문에
其他 qítā (사람·사물에 쓰여) 기타	**一共** yígòng 모두. 전부
但是 dànshì 그러나. 그렇지만	**花** huā 쓰다

💡 问题 1 **一杯咖啡多少钱?**
yìbēi kāfēi duōshǎo qián?

커피는 한 잔에 얼마예요?

价格表

冰咖啡	20元
鲜橙汁	25元
苹果汁	25元
西瓜汁	29元
葡萄汁	29元

💡 问题 2 **哪个水果最贵/便宜?**
nǎge shuǐguǒ zuì guì / piányi?

어떤 과일이 가장 비싼가요?

香蕉
斤/1.80元

葡萄
斤/2.80元

桔子
斤/2.50元

水果店

Tips

香蕉 斤 / 1.80元
葡萄 斤 / 2.80元
桔子 斤 / 2.50元

💡 问题 3 **你买香蕉还是桔子?**
nǐ mǎi xiāngjiāo háishì júzi?

당신은 바나나를 살래요 아니면 귤을 살래요?

欢 迎 光 临

什 么 最 好 喝

西 瓜 汁 多 少 钱

要 一 杯 冰 咖 啡

现 金 还 是 刷 卡

价 钱 一 样

복습1 몸풀기 문제

자신의 이름, 생년월일, 가족, 학교 등을 간단하게 소개합니다. 항상 고정되고 쉬운 문제라고 생각하면 큰코다칠 수 있어요. 발음과 문장을 되도록 정확하게 말할 수 있도록 연습해 보세요.

问题 1　　　你叫什么名字？

问题 2　　　请说出你的出生年月日。

问题 3　　　你家有几口人？

问题 4　　　你在哪个学校上学？

복습2 문법 다지기

1 다음 장소의 이동에 관련된 단어들을 알맞게 채워 보세요.

往　　离　　坐　　走　　去

1) 我去食堂吃饭, 你(　　)哪儿？

2) 你一直(　　)前边儿走, 不远。

3) 请问, 38路车站怎么(　　)？

4) 去东大门(　　)几路车？

5) 电影院(　　)学校100米, 很近。

2 다음 동사들을 알맞게 채워 보세요.

读　干　做　等　要

1) 星期天, 我在宿舍门口(　　　)你。

2) 你在家里(　　　)什么呢?

3) 我的哥哥在首尔大学, 现在(　　　)大三。

4) 我(　　　)一杯绿茶, 你呢?

5) 今天我要去图书馆(　　　)汉语作业。

3 다음 양사들을 선으로 알맞게 연결해 보세요.

杯　斤　本　个　张　块

支 zhī 곧고 딱딱하며 가늘고 긴 물건을 셀 때 사용한다.
杯 bēi 잔을 셀 때 사용한다.
本 běn 책, 출판물을 셀 때 사용한다.
块 kuài 덩어리나 조각 모양의 물건에 사용한다.
张 zhāng 평면이나 평면이 있는 물체에 사용한다. 펼칠 수 있는 물건에 사용한다.

一杯 •	• 苹果
一张 •	• 圆珠笔
一斤 •	• 橡皮
一本 •	• 西瓜汁
一块 •	• 桌子
一支 •	• 汉语书

복습 3   그림 보고 대답하기

자신과 관련된 화제 중에서 자주 접하는 질문에 대해서 간단하게 대답해 보세요.
제시된 그림을 보고 다음 문제에 대답해 보세요. (각 과의 말하기 부분을 참고하세요.)

02 각종 번호 연습하기

号码是多少？几点？几月几号？

03 장소, 동작에 대한 표현 연습하기

~在哪儿？~在干什么？

04 각 종 버스 번호, 노선, 방위에 대한 표현 연습하기

~怎么走？几路？

05 인민폐 단위 읽기, 가격 및 비교에 대한 표현 연습하기

多少钱？'比'句练习

便宜点儿吧

piányi diǎnr ba

할인해 주세요.

주요 표현

善英   zhūlì, jīntiān bǎihuòshāngdiàn dǎzhé
善英   珠莉，今天百货商店打折。

善英   zhēnde ya! wǒ zhèng xiǎng mǎi yìtiáo qúnzi ne
善英   真的呀! 我正想买一条裙子呢。

善英   yīfu dōu dǎ liùzhé, wǒmen kuài diǎnr qù ba
善英   衣服都打六折，我们快点儿去吧。

珠莉   tài hǎo le, wǒmen xiànzài jiù chūfā ba
珠莉   太好了，我们现在就出发吧。

善英和珠莉到了百货商店

售货员   huānyíngguānglín! èrwèi, xiǎng mǎi diǎnr shénme?
售货员   欢迎光临! 二位，想买点儿什么?

珠莉　wǒ xiǎng mǎi yìtiáo qúnzi
我想买一条裙子。

售货员　nín xǐhuān shénme kuǎnshì? wǒ bāng nín jièshào yíxià
您喜欢什么款式，我帮您介绍一下。

善英　zhūlì, nǐ kàn zhè tiáo liányīqún zěnmeyàng?
珠莉，你看这条连衣裙怎么样？

珠莉　zhège yàngshì tǐng piàoliàng de, wǒ kěyǐ shìyishì ma?
这个样式挺漂亮的，我可以试一试吗？

售货员　xiǎojiě, nínchuānduōdàde?
小姐，您穿多大的？

珠莉　wǒ chuān xiǎohào de。yǒu hóngsè de ma?
我穿小号的。有红色的吗？

售货员 hóngsè de mài wán le, hēisè de kěyǐ ma?
红色的卖完了，黑色的可以吗？

善英 hēisè de yě hěn piàoliàng, zhūlì, nǐ shìyishì ba
黑色的也很漂亮，珠莉，你试一试吧。

售货员 búdà bùxiǎo, zhèng héshì
不大不小，正合适啊。

珠莉 duōshǎo qián a?
多少钱啊？

善英 wǒmen mǎi liǎngtiáo, piányi diǎnr ba
我们买两条，便宜点儿吧。

售货员 hǎoba. dǎwǔzhé, yígòng wǔbǎibāshí kuài qián
好吧。打五折，一共580块钱。

百货商店 bǎihuòshāngdiàn 백화상점

打折 dǎzhé 할인

想 xiǎng ~하고 싶다

一条 yìtiáo 한 벌

裙子 qúnzi 치마

喜欢 xǐhuān 좋아하다

款式 kuǎnshì 디자인

帮 bāng 돕다

连衣裙 liányīqún 원피스

样式 yàngshì 디자인

穿 chuān 입다

小号 xiǎohào 작은 사이즈

红色 hóngsè 빨강 색

黑色 hēisè 검정 색

试一试 shìyishì 해 보다

合适 héshì 알맞다

便宜 piányi 저렴하다

(一)点儿 (yì)diǎnr 조금

六折 liùzhé 40%할인
五折 wǔzhé 50%할인

想 xiǎng

바라다, 희망하다, ~하고 싶다, ~하려고 하다 (아직 실현되지 않은 바람을 나타냄)

보기 我想买一条裙子。　나는 치마 한 벌을 사고 싶다.

생각하다.

보기 我想她很美丽。　나는 그녀가 아주 예쁘다고 생각해.

그리워하다

보기 我想妈妈。　나는 엄마가 그립다. (보고 싶다).

打折 dǎzhé 할인

우리나라에서는 할인되는 퍼센트를 그대로 표기하지만, 중국은 할인 후 지불하는 퍼센트를 표시한다. 즉, 지불할 가격을 표시하는 것이다.

흥정

중국에서 물건을 살 때는 흥정의 기술이 필요하다. 상인들의 대부분은 원래 가격보다 터무니없게 느껴질 만큼 훨씬 높은 가격을 부르기 때문에 '太贵了', '便宜(一)点儿' 등의 표현을 사용하여 흥정하는 것이 중요하다.

▶ 의복의 종류 및 가격에 대해 말해 보세요.

大衣 dàyī

件 / 888.00元

牛仔裤 niúzǎikù 청바지

条 / 298.00元

袜子 wàzi

双 / 5.00元

高跟鞋 gāogēnxié

双 / 680.00元

의복과 관련된 양사

件 jiàn 옷의 상의에 쓰임.

条 tiáo 가늘고 긴 물건, 구부러지는 것에 많이 쓰임.

双 shuāng 쌍을 이루어 사용하는 물건에 쓰임.

大衣	보기 **A** 这件大衣多少钱? 이 코트는 얼마예요?	**B** 这件大衣八百八十八块钱, 太贵了。 이 코트는 880원. 너무 비싸요.
牛仔裤	A	B
高跟鞋	A	B
袜子	A	B

Tips

"太~了"는 하나의 관용표현으로 정도가 큼을 나타내는 의미이다.
"太好了, 挺好的, 非常好, 很好, 好极了"등과 맥락을 같이한다고 보면 된다.

▶ 의복의 종류 및 양사에 맞게 선으로 알맞게 연결해 주세요.

一件 •   • 西服

一双 •   • 运动鞋

一条 •   • 裤子

一套 •   • 衬衫

☑ 보충단어

一套 한 셋트

西服 xīfú 양복. 정장

运动鞋 yùndòngxié 운동화

裤子 kùzi 바지

衬衫 chènshān 와이셔츠. 블라우스

옷을 세는 양사는 '件'이지만, 바지,
치마, 원피스는 모두 '条'로 말한다.
신발, 양말의 양사는 '双'이다.

다음을 읽고 질문에 대답해 보세요.

> 周六，小龙和善英一起逛商场。
> 商场里的鞋子、皮包打7折，衣服都打5折。
> 小龙和善英很开心。
> 小龙买了一双白色的运动鞋，原价880块，
> 善英买了一件红色裙子，原价780块。 两个人都很满意。

1 哪里打折？

_____

2 皮包打几折？

_____

3 衣服打几折？

_____

4 小龙花了多少钱？

_____

5 善英花了多少钱？

_____

📝 **보충단어**

逛 guàng 돌아다니다

商场 shāngchǎng 백화점

皮包 píbāo 가죽 핸드백

开心 kāixīn 즐겁다

白色 báisè 흰 색

运动鞋 yùndòngxié 운동화

原价 yuánjià 원가(현재 가격)

红色 hóngsè 빨간 색

满意 mǎnyì 만족스럽다

问题 1　这件衣服多少钱？

zhèjiàn yīfu duōshǎo qián?

이 옷은 얼마예요?

6折880元

 问题 2　你觉得这双鞋怎么样？

nǐ juéde zhè shuāng xié zěnmeyàng?

이 신발의 디자인은 어떤가요?

问题 3 请问，您想买什么？我帮您介绍一下。

qǐngwèn, nín xiǎng mǎi shénme? wǒ bāng nín jièshào yíxià

무엇을 사고 싶으세요? 제가 도와서 추천해드릴게요.

百 货 商 店 打 折

想 买 一 条 裙 子

衣 服 打 六 折

样 式 挺 漂 亮

帮 您 介 绍 一 下

便 宜 点 儿 吧

登鹳雀楼

dēng guàn què lóu

[唐] 王之渙

bái rì yī shān jìn
白 日 依 山 尽

huáng hé rù hǎi liú
黄 河 入 海 流

yù qióng qiān lǐ mù
欲 穷 千 里 目

gèng shàng yì céng lóu
更 上 一 层 楼

석양은 서산에 기대어 저물어 가고
황하는 동해 바다로 흘러들어가
더 멀리 천리 밖을 보고 싶어
더 한층 높은 누각으로 올라 보네

왕지환 (王之渙, 688~742)

중국 당나라 시인 왕지환이 관작루에 올라 지은 시로 많은 사랑을 받고 있는 시이다. 이 시가 유명한 이유는 바로 마지막 구절인 "한층 더 올라 보네" 때문이다. 이 표현은 '한 층 더 올라간다'는 뜻에서 '더욱더 앞으로 정진한다'라는 뜻으로 학습이나 일에 있어서 발전을 기원하거나 또는 좋은 성적, 성과를 목표로 삼을 때 쓸 수 있는 표현이다.

MEMO

天气冷不冷
tiānqì lěng bu lěng?
날씨가 추운가요?

주요 표현

오늘 날씨 어때?

날씨가 흐려

오늘 추워?

어제보다 춥고,
바람도 불어.

옷을 많이 껴입자.

난 점퍼 입었어.

오늘 비가 올 거니까
우산도 챙기자.

善英　zhūlì, nǐ zài gàn shénme?
珠莉，你在干什么？

珠莉　wǒ zhèngzài kàn tiānqì yùbào ne
我正在看天气预报呢。

善英　jīntiān tiānqì zěnmeyàng?
今天天气怎么样？

珠莉　jīntiān shì yīntiān
今天是阴天。

善英　nà, jīntiān lěngbulěng?
那，今天冷不冷？

珠莉　jīntiān bǐ zuótiān lěng, hái guāfēng ne
今天比昨天冷，还刮风呢。

善英　wǒmen duō chuān yìdiǎnr yīfu ba
我们多穿一点儿衣服吧。

珠莉 　hǎode, wǒ chuān yíjiàn jiákè
好的，我穿一件夹克。

善英 　jīntiān yǒu yǔ ma?
今天有雨吗？

珠莉 　tiānqì yùbào shuō, jīntiān yào xiàyǔ
天气预报说，今天要下雨。

善英 　wǒmen dài yǔsǎn ba
我们带雨伞吧。

珠莉 　hǎo! wǒmen yào chídào le, kuài zǒu ba
好！我们要迟到了，快走吧。

天气预报 tiānqìyùbào 일기 예보

阴天 yīntiān 흐린 날

冷 lěng 춥다

比 bǐ ~보다

还 hái 게다가

刮风 guāfēng 바람이 불다

多穿 duōchuān 많이 입다

夹克 jiákè 재킷

要 yào ~하려 한다

带 dài 휴대하다

雨伞 yǔsǎn 우산

迟到 chídào 지각하다

比 bǐ

구조 : ~比~ + 형용사

1 比

'~보다'라는 의미를 가진 개사. 두 개의 사물의 특징이나 성질을 비교할 때 사용한다.

보기   今天比昨天冷。   오늘은 어제보다 춥다.

2 更

비교문에서 부사를 쓸 경우에는 형용사 앞에 비교부사 '更' 또는 '还'를 써서 표현한다.

보기   今天比昨天更冷。   오늘은 어제보다 더 춥다.

3 一点儿

두 사물간의 차이가 작을 때에는 형용사 뒤에 '一点儿'

보기   今天比昨天冷一点儿。 오늘은 어제보다 조금 춥다.

4 多了

차이가 클 때에는 '多了' '~得多(了)'

보기   今天比昨天冷多了。   오늘은 어제보다 훨씬 춥다.

▶ 다음 날씨에 관한 표현을 말해 보세요.

23℃

晴 / 晴朗 / 晴天 qíng / qínglǎng / qíngtiān
맑다 / 맑은 날

18℃

阴 / 阴天   yīn / yīntiān
흐리다 / 흐린 날

很 + 형용사

晴／晴天 오늘 날씨가 어떤지는 보통 '今天很晴'(오늘은 날씨가 맑다)으로 표현한다.

晴／晴朗

 今天天气怎么样? 오늘 날씨는 어떻습니까?
今天很晴／今天很晴朗。오늘은 아주 맑습니다.

阴

今天天气怎么样?

_____

是 + 명사

晴天 오늘 날씨가 어떤지는 보통 '今天是晴天'(오늘은 날씨가 맑다)으로 표현한다.

晴天

 今天天气怎么样?
今天是晴天。오늘은 맑은 날입니다.

阴天

23℃   28℃   −28℃

刮风 guāfēng
바람이 불다

下雨 xiàyǔ
비가 오다

下雪 xiàxuě
눈이 오다

要 + 동사

刮风	今天天气怎么样? 今天要刮风。 오늘은 바람이 불 겁니다.
下雨	今天天气怎么样? _____
下雪	今天天气怎么样? _____

▶ 다음 날씨나 계절에 대한 표현을 말해 보세요.

春天 chūntiān

暖活 nuǎnhuo 따뜻하다

夏天 xiàtiān

热 / 炎热 rè / yánrè (날씨가) 무덥다

秋天 qiūtiān

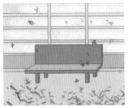

凉快 liángkuài 시원하다

冬天 dōngtiān

寒冷 hánlěng 춥고 차다

정도부사 '很' '非常'

계절, 날씨를 묘사할 때에는 정도부사 "很", "非常"와 함께 쓰일 수 있다.

春天 / 暖活

보기 春天天气很暖活。
봄의 날씨는 아주 따뜻합니다.

夏天 / 热 / 炎热

秋天 / 凉快

冬天 / 寒冷

▶ 다음 계절과 각 계절의 특징을 나타내는 키워드를 선으로 알맞게 연결해 보세요.

春天 •

夏天 •

秋天 •

冬天 •

• 滑雪

• 开花

• 游泳

• 红叶

Tips

각 계절의 특징을 나타내는
키워드를 사용하여 표현한다.

보충단어

滑雪 huáxuě 스키를 타다

游泳 yóuyǒng 수영을 하다

开花 kāihuā 꽃이 피다

红叶 hóngyè 단풍

问题 1 **今天首尔气温多少度?**

jīntiān shǒuěr qìwēn duōshǎo dù?

오늘 서울의 기온이 몇 도인가요?

보충단어

气温 qìwēn 기온

零上 / 零下 língshàng / língxià 영상 / 영하

首尔

星期一(23℃)

晴/晴朗

问题 2 **外面在下雨吗?**

wàimiàn xiàyǔ ma?

밖에 비가 내리고 있나요?

 Tips

먼저 "네", "아니오"라고 답한다. '今天天气怎么样?'(오늘 날씨가 어떻습니까?)의 문제로도 물을 수 있다.

问题 3 今天比昨天热吗?
jīntiān bǐ zuótiān rè ma?

오늘은 어제보다 더워요?

Tips

"比" 비교문을 말할 때 형용사 앞에 '很'을 쓸 수 없다.

看 天 气 预 报

比 昨 天 冷

多 穿 衣 服

今 天 要 下 雨

带 雨 伞

要 迟 到 了

你感冒了吗?
nǐ gǎnmào le ma?
감기에 걸렸어요?

CHAPTER 08

주요 표현

善英　xiǎolóng, jīntiān zhūlì bù néng lái shàngkè le
小龙，珠莉今天不能来上课了。

小龙　tā zěnme le?
她怎么了？

善英　tābìngle, gǎnmàole
她病了，感冒了。

小龙　xiàkè yǐhòu,　wǒmen qù kànkan tā ba
下课以后，我们去看看她吧。

宿舍

善英　zhūlì, xiǎolóng lái kàn nǐ le
珠莉，小龙来看你了。

珠莉　xiǎolóng, xièxie nǐ lái kàn wǒ!
小龙，谢谢你来看我!

小龙　tīngshuō nǐ gǎnmào le, xiànzài gǎnjué zěnmeyàng?
听说你感冒了，现在感觉怎么样？

tóuténg, fāshāo, húnshēn méiyǒu lìqì

珠莉 头疼，发烧，浑身没有力气。

wǒmen péi nǐ qù yīyuàn ba

善英 我们陪你去医院吧。

búyòng le, wǒ chī yào le

珠莉 不用了，我吃药了。

nǐ yào duō hē shuǐ, duō chī shuǐguǒ a

小龙 你要多喝水，多吃水果啊!

zuótiān wǎnshang, wǒ hé péngyǒu hē jiǔ, zháoliáng le

珠莉 昨天晚上，我和朋友喝酒，着凉了。

zhè shì wǒ mǎi de píngguǒ, zhù nǐ píngpíng ānān !

小龙 这是我买的苹果，祝你平平安安!

tài xièxie le, nǐmen yě zhùyì shēntǐ !

珠莉 太谢谢了，你们也注意身体!

感冒 gǎnmào 감기에 걸리다

能 néng ~할 수 있다. 가능하다

怎么 zěnme 어떻게

病 bìng 병이 나다. 아프다

听说 tīngshuō 듣는 바로는

感觉 gǎnjué 느낌

头疼 tóuténg 머리가 아프다

发烧 fāshāo 열이 나다

浑身 húnshēn 온 몸

力气 lìqì 힘

陪 péi 동반하다

吃药 chīyào 약을 먹다

喝酒 hējiǔ 술을 마시다

着凉 zháoliáng 감기에 걸리다

苹果 píngguǒ 사과

祝 zhù 기원하다

平安 píngān 평안

注意 zhùyì 조심하다

身体 shēntǐ 몸. 신체

祝你平平安安!

苹果

중국에서는 크리스마스 이브를 핑안예(平安夜)라고 부른다. '평안한 밤'이라는 뜻이다. 이는 해음(谐音)현상으로 사과의 중국어 발음인 핑궈(苹果píngguǒ)의 앞 글자의 ping이라는 발음이 같아 친구, 가족, 연인에게 다음 해의 평안을 기원하는 의미로 사과를 선물한다.

能 néng

객관적인 허가를 나타낼 수 있다.

보기 我不能去上课。　　　나는 수업에 갈 수 없어.

어휘연습

▶ 아래에서 알맞은 것을 골라 이야기를 완성해 보세요.

感冒　咳嗽　更　流鼻涕　开心　疼　没有力气　上课　看看

1 昨天是阴天, 天气比今天_____冷, 小明_____了。

2 他头_____, _____, 浑身_____。

3 今天他不能来_____, 小丽去_____他。

✔ 보충단어

4 小明特别_____。

咳嗽 késou 기침

流鼻涕 liúbíti 콧물을 흐르다

开心 kāixīn 기분이 좋다

问题 **1** **你感冒了吗?**
nǐ gǎnmào le ma?

당신은 감기 걸렸어요?

Tips

먼저 '네', '아니오'라고 답한다.

 问题 **2** **你去医院了吗?**
nǐ qù yīyuàn le ma?

당신은 병원에 갔나요?

Tips

먼저 "병원에 갔다", "병원에 가지
않았다"라고 답한다.

问题 3 听说，你病了，我来看看你。
tīngshuō, nǐ bìng le, wǒ lái kànkan nǐ

듣자하니, 아프다고 해서 병문안 왔어요.

不 能 来 上 课

病 了 感 冒 了

头 疼 发 烧

浑 身 没 有 力 气

和 朋 友 喝 酒

祝 你 平 平 安 安

静夜思
jìng yè sī

[唐] 李白

chuáng qián míng yuè guāng

床 前 明 月 光

yí shì dì shàng shuāng

疑 是 地 上 霜

jǔ tóu wàng míng yuè

举 头 望 明 月

dī tóu sī gù xiāng

低 头 思 故 乡

침상 앞 달빛을 바라보니
땅 위에 내린 서리인 듯 하네.
머리를 들어 산 위 달을 쳐다보고
고개 숙여 고향을 생각하네.

이백 (李白, 701~762)

자(字)가 태백(太白)이고 호는 청련거사(青莲居士)이며, 시
선(诗仙)이라고도 한다. 두보와 함께 중국 성당기의 대표적
인 시인으로 일컬어지며, 시의 작풍은 호방하고 비범한 풍격
에 상상력이 풍부하며 낭만적인 색채가 넘친다.

MEMO

周末有空吗?
zhōumò yǒu kòng ma?
주말에 시간 있어요?

주요 표현

준호야, 주말에 시간 있어?
샤오룽네 서울에서 인천으로
이사했대.

집이 바로 인천 차이나타운
근처야. 그 곳에 유명한
중국 먹거리가 많이 있어.

양꼬치, 마라탕이
너무 먹고 싶어.
훠궈도 진짜 맛있어.

일요일 오전에
차이나타운 입구에서
만나. 내가 가이드도 하고
양꼬치도 쏠게.

sìge rén zài kāfēitīng
四个人在咖啡厅

zhūlì, nǐ gǎnmào hǎo diǎnr le ma?

俊浩　珠莉，你感冒好点儿了吗？

yǐjīng hǎo le。bú yòng dānxīn

珠莉　已经好了。不用担心。

jùnhào, zhège zhōumò nǐ yǒu kòng ma?

善英　俊浩，这个周末你有空吗？

zhōumò, wǒ yāoqǐng shànyīng hé zhūlì lái wǒ jiā wánr,

小龙　周末，我邀请善英和珠莉来我家玩儿，

nǐ yě lái ba

你也来吧。

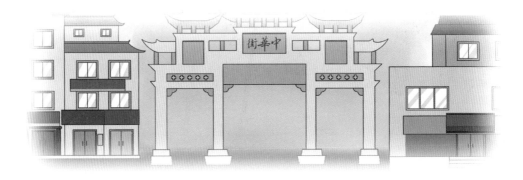

珠莉
xiǎolóng jiā cóng shǒuěr bān dào rénchuān le,
小龙家从首尔搬到仁川了，

wǒmen yìqǐ qù zhùhèzhùhè
我们一起去祝贺祝贺。

俊浩
hǎo a! zhènghǎo wǒ zhōumò yǒu kòng。
好啊！正好我周末有空。

小龙
wǒ jiā jiù zài rénchuān de zhōngguóchéng fùjìn
我家就在仁川的中国城附近。

善英
zhōngguóchéng a! wǒ jiàqī qùguò nàlǐ
中国城啊！我假期去过那里。

俊浩
wǒ yě tīngshuō guò, nàlǐ yǒu hěnduō yǒumíng de xiǎochī
我也听说过，那里有很多有名的中国小吃。

珠莉　wǒ tèbié xiǎng chī yángròuchuàn, málàtàng
我特别想吃羊肉串，麻辣烫。

善英　nàlǐ de huǒguō yě hěn dìdào
那里的火锅也很地道。

俊浩　xīngqīrì shàngwǔ shíyī diǎn,
wǒmen zài zhōngguóchéng ménkǒu jiànmiàn ba
星期日上午11点，我们在中国城门口见面吧。

小龙　hǎode, wǒ dāng dǎoyóu, xiān guàng zhōngguóchéng,
zài chīyángròuchuàn
好的，我当导游，先逛中国城，再吃羊肉串。

生词

好 hǎo 나아지다

已经 yǐjīng 이미. 벌써

担心 dānxīn 걱정하다

空 kòng 시간. 여유

祝贺 zhùhè 축하하다

邀请 yāoqǐng 초대하다

过 guò ~적이 있다

有名 yǒumíng 유명하다

小吃 xiǎochī 간단한 요리

特别 tèbié 특별하다

地道 dìdào 오리지널의. 정통의

当 dāng ~이 되다

导游 dǎoyóu 가이드

逛 guàng 돌아다니다

从… 到… cóng… dào… ~부터~까지
先… 再(然后)… xiān…zài(ránhòu)… ~먼저~하고, 그리고 나서 ~한다

羊肉串 yángròuchuàn 양고기 꼬치 (위구르족 풍미의 간단한 음식)
麻辣烫 málàtàng 마라탕 (중국 사천성 요리)
火锅 huǒguō 훠궈 (샤브뱌브의 일종)

仁川 rénchuān 인천
中国城 zhōngguóchéng 차이나티운

从… 到… cóng… dào…

시간: 시간사와 연결되어 시작부터 어떤 시기까지의 일정 시간을 나타낸다.
공간: 장소를 나타내는 말과 연결되어 어떤 장소에서 다른 장소까지의 일정 공간을 나타낸다.
범위: 명사, 동사, 주술구 등과 연결되어 일정 범위를 나타낸다.

보기			
시간	从今天到明天不上课。	오늘부터 내일까지 수업이 없다.
공간	从学校到家很近。	학교에서 집까지 아주 가깝다.
범위	从一到十。	하나부터 열까지

'过' guò

동태조사 '过'는 동사 뒤에 놓여 어떤 동작이 과거에 이미 발생했었음을 나타내며, 그 경험을 이미 해보았다는 것을 강조하기 위해 쓰인다.

보기			
吃过	我吃过烤鸭。	나는 오리구이를 먹어 본 적이 있다.
去过	我去过北京。	나는 북경에 가본 적이 있다.
学过	我学过汉语。	나는 중국어를 배워본 적이 있다.

正好 zhènghǎo

'正好'는 '마침, 딱'이라는 뜻으로 구어에서 자주 사용되는 말이다.

보기	正好想去。	마침 가고 싶다
	正好想吃。	마침 먹고 싶다
	正好有空。	마침 시간이 있다.

当 dāng

'当'은 '~이 되다'라는 뜻으로 장래 희망을 나타낼 때는 '当+직업'의 형식으로 쓴다.

보기	我想当护士。	나는 간호사가 되고 싶다.

▶ 중국의 각 도시 명칭과 특색에 대해 알아봅시다.

火锅

羊肉串

东方明珠

天安门

熊猫

兵马俑

少林

蒙古包

▶ 다음 동사들을 알맞게 빈 칸에 채워 보세요.

逛　请　当　想

1 星期天，我和妈妈(　　　)商店了。　**2** 我(　　　)你们来我家玩儿。
3 晚上，你(　　　)吃什么？　　　　　**4** 我想(　　　)一名老师。

▶ 중국 각 도시와 상징물을 선으로 연결해 보세요.

北京•　　　　　　　• 兵马俑 bīngmǎyǒng 병마용
天津•　　　　　　　• 米线 mǐxiàn 미셴, 쌀국수
西安•　　　　　　　• 烤鸭 kǎoyā 오리 구이
云南•　　　　　　　• 熊猫 xióngmāo 팬더
成都•　　　　　　　• 包子 bāozi 찜빵

연동문에서 과거의 경험을 나타내고자 할 때, 두 번째 동사의 뒤에를 '过'를 쓴다.

北京

보기 我去北京→吃过烤鸭。
나는 북경에 가 본적이 있고 오리구이도 먹어본 적이 있다.

天津

西安

云南

问题 1　周末，你来我家玩儿吧。怎么样?

zhōumò, nǐ ái wǒ jiā wánr ba。 zěnmeyàng?

주말에 우리 집에 놀러 와요. 어때요?

Tips

'太好了'는 만족이나 감탄 등을 나타내며, 여기에서 '太'는 정도가 매우 높음을 의미한다.

 问题 2　晚上你有空吗? 一起去唱歌吧!

wǎnshàng nǐ yǒu kòng ma? yìqǐ qù chànggē ba!

저녁에 시간이 있어요? 같이 노래하러 가요!

Tips

'正好'는 '마침, 딱'이라는 뜻으로 구어에서 자주 사용되는 말이다.

问题3 明天，我们一起去登山，好吗？

míngtiān, wǒmen yìqǐ qù yùndòng, hǎoma?

내일, 우리 같이 운동해요. 괜찮아요?

Tips

못 갈 경우 먼저 '미안해'를 '不好意思'라고 말하고 못 가는 이유에 대한 설명을 하면 된다.

来 我 家 玩 儿

正 好 有 空

中 国 诚 附 近

有 名 的 小 吃

想 吃 羊 肉 串

当 导 游

来我家玩吧

lái wǒ jiā wán ba

우리 집에 놀러 오세요.

주요 표현

xiǎolóng de jiā
小龙的家

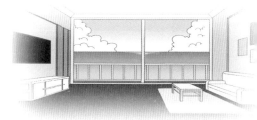

huānyíng nǐmen lái wǒ jiā wánr
小龙　欢迎你们来我家玩儿。

wā! xiǎolóng, nǐ de xīn jiā zhēn dà ya!
珠莉　哇! 小龙, 你的新家真大呀!

fángjiān yòu gānjìng yòu piàoliàng, zhēn bàng!
俊浩　房间又干净又漂亮, 真棒!

nǐmen kàn, hái néng kàndào dàhǎi ne!
善英　你们看, 还能看到大海呢!

nǐmen qǐng zuò! xiān xiūxi yíhuìr ba
小龙　你们请坐! 先休息一会儿吧。

zhè shì wǒ mǎide juǎnzhǐ, zhù nǐ shùnshùn lìlì!
珠莉　这是我买的卷纸, 祝你顺顺利利!

wǒ mǎi le xǐyīyè, zhù nǐ hǎoshì duōduō!
善英　我买了洗衣液, 祝你好事多多!

wǒ mǎi le yìxiāng píjiǔ, zánmen qìngzhù qìngzhù ba

俊浩　我买了一箱啤酒，咱们庆祝庆祝吧!

tài gǎnxiè nǐmen le。nǐmen wǎnshàng xiǎng chī shénme?

小龙　太感谢你们了。你们晚上想吃什么?

wǎnshàng, wǒmen jiào wàimài, zěnmeyàng?

珠莉　晚上，我们叫外卖，怎么样?

hǎo a! yìbiān hē píjiǔ, yìbiān chī zhájī

善英　好啊! 一边喝啤酒、一边吃炸鸡。

hái kěyǐ chàngchang gē, kànkan diànyǐng

俊浩　还可以唱唱歌，看看电影。

hǎo zhǔyì! wǒ mǎshàng dǎ diànhuà jiào wàimài

小龙　好主意! 我马上打电话叫外卖。

生词

欢迎 huānyíng 환영하다

新 xīn 새롭다

真 zhēn 정말

干净 gānjìng 깨끗하다

漂亮 piàoliàng 예쁘다

棒 bàng 좋다. 훌륭하다

(看)到 kàndào 보았다

大海 dàhǎi 바다

卷纸 juǎnzhǐ 화장지

祝 zhù 기원하다. 축복하다

洗衣液 xǐyīyè 액체 세제

一箱 yìxiāng 한 박스

啤酒 píjiǔ 맥주

咱们 zánmen 우리(들)

外卖 wàimài 배달

炸鸡 zhájī 치킨

可以 kěyǐ ~할 수 있다

主意 zhǔyì 생각. 아이디어

马上 mǎshàng 금방. 즉시

顺顺利利 shùnshùnlìlì 순조롭다
好事多多 hǎoshìduōduō 좋은 일이 가득하다
庆祝庆祝 qìngzhùqìngzhù 축하하다

又… 又… yòu… yòu… ~하면서 ~하다
一边… 一边… yìbiān… yìbiān… ~하면서(한편으로)~하다

 동사의 중첩

중국어의 일부 동사는 중첩을 할 수 있다.
동작이 걸리는 시간이 짧으며, 동작이 가볍거나 자연스러움을 나타낸다. 시험 삼아 뭔가를 해본다는 의미를 나타내기도 한다.

단음절 중첩형식

| 예 | AA | 你尝尝看。 | 맛 좀 보세요. |
| | A-A | 我看一看你的新衣服。 | 당신 새 옷을 한 번 봅시다. |

> 'AA'와 'A-A'는 의미가 같다.
> 단음절 동사를 중첩할 때에는
> 사이에 '一'를 넣어줄 수 있다.

 형용사의 중첩

중국어의 형용사가 중첩했을 때는 강조의 의미를 나타낸다.

단음절 중첩형식

예　AA　他要一杯热热的咖啡。　그는 따끈따끈한 커피를 원한다.

이음절 중첩형식

예　AABB　他的性格大大方方。　그의 성격은 대범하다.
　　ABAB　我们在这里休息休息吧!　우리 여기서 좀 쉬자!

能 néng

어떤 능력을 갖고 있음을 나타낸다.

> 보기 我能唱中文歌。　　나는 중국노래를 부를 수 있다.

객관적인 허가를 나타낼 수도 있다.

> 보기 你明天能来吗?　　당신은 내일 올 수 있어요?

可以 kěyǐ

객관적인 허가 혹은 도리상의 허가를 나타낸다.

> 보기 我可以吃吗?　　제가 먹어도 되나요?

到 dào

결과보어 : 사람이나 움직이는 사물이 동작을 통해 어떤 지점에 도달하거나 그 동작이 지속됨을 나타낸다. 또한 어떤 정도까지 동작이 진행됨을 의미하기도 한다.

学到, 看到, 听到

> 보기 我看到大海了。　　나는 바다를 보았다.

一边… 一边… yìbiān… yìbiān…

'~하면서(한편으로)~하다'라는 동시 진행의 의미를 갖는다.

> 보기 我一边看电视, 一边吃水果。　나는 텔레비전을 보면서 과일을 먹는다.

▶ 다음 집 구조에 관한 표현을 말해 보세요.

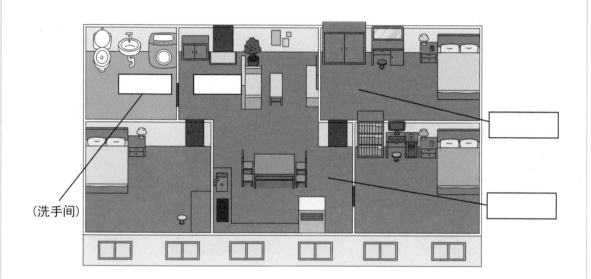

(洗手间)

又… 又… '~하면서 ~하다'라는 의미를 가진 두 가지의 성질이나 상황이 동시에 존재함을 나타낸다.

这件衣服又___又_____。

这个人又___又_____。

问题 1 **他的房间怎么样?**
tā de fángjiān zěnmeyàng?

그의 방은 어떤가요?

又… 又…

问题 2 **晚上, 你想吃什么?**
wǎnshang, nǐ xiǎng chī shénme?

밤에, 당신은 무엇을 먹고 싶어요?

问题 **3** **欢迎你来我家做客。**
huānyíng nǐ lái wǒ jiā zuòkè

제 집에 온 것을 환영해요.

房　间　真　大　呀

能　看　到　大　海

祝　你　顺　顺　利　利

祝　你　好　事　多　多

咱　们　庆　祝　庆　祝

叫　外　卖

쉬어가는 페이지

清 明
qīng míng

[唐] 杜牧

qīng	míng	shí	jié	yǔ	fēn	fēn

清 明 时 节 雨 纷 纷，

路 上 行 人 欲 断 魂。

借 问 酒 家 何 处 有？

牧 童 遥 指 杏 花 村。

청명 시절에 비가 어지럽게 내리니
길가는 나그네의 넋이 나가네
술집이 어디에 있냐고 물으니
목동은 멀리 살구꽃 핀 마을을 가리키네.

두목 (杜牧, 803년~852년)
당 나라 때 관리이자 시인이고, 산문가이다.
생동감 있는 7언시의 율시와 절구에 뛰어났으며, 가장 뛰어
난 시인으로 두보와 비견해 '소두(小杜)'라고 불린다.

복습 I 문법 다지기

1 다음 단어들을 빈칸에 알맞게 채워 보세요.

喜欢　　想　　要　　觉得

想 xiǎng	**要** yào
'想'은 '～할 계획이다' '～하기를 바란다'는 뜻으로 주관적인 바람을 나타낸다.	'～할 것이다' '～하고야 말 것이다'라는 뜻으로 주관적인 의지와 염원을 나타낸다. 부정표현은 '不要'가 아닌 '不想'이다.
보기 你想去中国吗?	보기 我要去中国。

1) 我( )吃中国菜, 你呢?

2) 星期天, 我( )去商店。

3) 你( )听什么音乐?

4) 这件大衣很便宜, 你( )样式怎么样?

觉得 juéde …라고 여기다[생각하다]. …라고 느끼다.

2 다음 단어들을 빈칸에 알맞게 채워 보세요.

能　　可以　　会

会 huì	**能** néng	**可以** kěyǐ
◆ 학습을 통해 어떤 기교에 정통하게 되었음을 나타낸다. ◆ 가능성을 나타낸다.	◆ 어떤 능력을 갖고 있음을 나타낸다. ◆ 객관적인 허가를 나타낸다.	◆ 객관적인 허가를 나타낸다. ◆ 도리상의 허가를 나타낸다.
보기 我会做中国菜。	보기 我能用汉语说话。	보기 我可以走吗？

1) 你(　　　)说汉语吗？

2) 星期天, 我(　　　)去你家吗？

3) 这件衣服样式挺漂亮的, 我(　　　)试一试吗？

4) 这个汉字你(　　　)写吗？

3 다음 연속 관계를 나타내는 단어들을 알맞게 채워 보세요.

一边~ 一边~　又~ 又~　先~ 再~　从~ 到~　~比~

❶ 先→　❷ 再→　❸ 然后→　❹ 最后

先~ 再~	先~ 然后~
먼저 ~하고, 그리고 다시 ~한다.	먼저~하고, 그 다음에 ~한다.
보기 你想去中国吗？	보기 我要去中国。

1) 她的手机(　　　)漂亮(　　　)便宜。

2) 今天天气(　　　)昨天更冷, 多穿一点儿吧。

3) 我常(　　　)看电视, (　　　)吃饭。

4) 我(　　　)上午9点(　　　)11点上汉语课。

5) 我们(　　　)吃饭(　　　)做作业吧。

4 다음 양사들을 선으로 알맞게 이어주세요.

의복과 관련된 양사

件 jiàn 옷의 상의에 쓰임.　　　条 tiáo 가늘고 긴 물건, 구부러지는 것에 많이 쓰임.
双 shuāng 쌍을 이루어 사용하는 물건에 쓰임.

件　　双　　条

一双 •　　　　• 围巾

一条 •　　　　• 夹克

一件 •　　　　• 皮鞋

围巾 wéijīn 목도리. 머플러. 스카프

복습2 그림 보고 대답하기

자신과 관련된 화제 중에서 자주 접하는 질문에 대해서 간단하게 대답해 보세요.
제시된 그림을 보고 다음 문제에 대답해 보세요. (각 과의 말하기 부분을 참고하세요.)

06 의복의 종류, 가격, 양사에 대한 표현

多少钱? 打折?

07 계절, 날씨, 비교에 대한 표현 연습하기

~天气怎么样? ~比~

08 건강, 안부, 기원에 대한 표현 연습하기

~怎么了? 感觉怎么样? 祝~

09 도시, 명소, 초청에 대한 표현 연습하기

有空吗? 从~ 到~ , ~过

10 방문, 집, 축하에 대한 표현 연습하기

又~ 又~, 先~ 再~, 祝~

白雪公主
báixuěgōngzhǔ

백설공주

很久很久以前，王后生了一个女孩儿 。
hěnjiǔhěnjiǔyǐqián, wánghòushēngleyígenǚháir

她的皮肤像雪一样白，大家都叫她"白雪公主"。
tādepífūxiàngxuěyíyàngbái, dàjiādōujiàotā"báixuěgōngzhǔ"

白雪公主很小的时候，她的母亲去世了。
báixuěgōngzhǔhěnxiǎodeshíhou, tādemǔqīnqùshìle。

国王又娶了新王后。
guówángyòuqǔlexīnwánghòu

生 shēng 낳다

皮肤 pífū 피부

像…一样 xiàng…yíyàng …과 같이

…的时候 …deshíhou …할 때

去世 qùshì 돌아가다, 세상을 뜨다

国王 guówáng 국왕

娶 qǔ 아내를 얻다

新王后 xīnwánghòu 새 왕후

옛날 옛날 한 옛날에, 왕비가 한 공주님을 낳았어요. 그 아이의 피부는 눈처럼 하얘서, 사람들은 모두 그녀를 "백설공주"라고 불렀어요. 백설공주가 아주 어릴 적에, 그녀의 어머니 왕비는 세상을 떠났어요.

新王后有个奇特的镜子，她经常问镜子
xīnwánghòuyǒugeqítèdejìngzi, tājīngchángwènjìngzi

"镜子啊！镜子！谁是世界上最美丽的女人？"
"jìngzia! jìngzi! shéishìshìjièshangzuìměilìdenǚrén?"

镜子回答："世界上最美丽的女人就是你，王后。"
jìngzihuídá："shìjièshangzuìměilìdenǚrénjiùshìnǐ, wánghòu"

"哈…哈…哈"
"ha…ha…ha"

王后 wánghòu 왕후

奇特 qítè 이상하다. 특별하다

镜子 jìngzi 거울

经常 jīngcháng 늘. 항상

世界 shìjiè 온 세상

长大 zhǎngdà 성장하다. 자라다

왕은 또 다시 새로운 왕비를 맞이했답니다. 새로운 왕비는 신비한 거울을 갖고 있었어요. 왕비는 자주 거울에게 물었어요. "거울아! 거울아! 세상에서 가장 아름다운 여자는 누구니?" 거울이 대답했어요. "세상에서 가장 아름다운 여자는 바로 당신, 왕비님입니다." "호~호~호~"

几年以后，白雪公主长大了。
jǐniányǐhòu, báixuěgōngzhǔzhǎngdàle

她长得更漂亮了。
tāzhǎngdegèngpiàoliàngle

有一天，王后又问镜子
yǒuyìtiān, wánghòuyòuwènjìngzi

"镜子啊! 镜子! 谁是世界上最美丽的女人?"
jìngzia! jìngzi! shéishìshìjièshangzuìměilìdenǚrén?

"现在白雪公主比你美丽。"
xiànzàibáixuěgōngzhǔbǐnǐměilì

新王后非常生气。大声喊道:
xīnwánghòufēichángshēngqì。dàshēnghǎndào:

"猎人，猎人! 你去杀了白雪公主!"
"lièrén, lièrén! nǐqùshālebáixuěgōngzhǔ"

又 yòu 또. 다시

非常 fēicháng 대단히. 매우

猎人 lièrén 사냥꾼

生气 shēngqì 화내다

杀 shā 죽이다

大声 dàshēng 큰 소리

忍心 rěnxīn 모질게 …하다

喊 hǎn 고함지르다. 소리치다

跑 pǎo 달리다. 뛰다

몇 년의 시간이 흐르고, 백설공주는 어른이 되었어요. 그녀는 더욱더 예뻐졌답니다.
어느 날, 왕비는 또 거울에게 물었어요. :"거울아! 거울아! 세상에서 가장 아름다운 여자는
누구니?" "지금은 백설공주가 왕비님보다 아름답습니다." 새로운 왕비는 몹시 화가 났어요.
큰 소리로 소리쳤죠. "사냥꾼, 사냥꾼! 당신이 가서 백설공주를 당장 죽이세요!"
사냥꾼은 차마 백설공주를 죽일 수 없어서 말했어요. "백설공주, 왕비가 당신을 죽이려고 해
요! 빨리 도망가세요!"

猎人不忍心杀白雪公主，说道:
lièrénbùrěnxīnshābáixuěgōngzhǔ, shuōdào:

"白雪公主，王后要杀你! 你快跑吧!"
báixuěgōngzhǔ, wánghòuyàoshānǐ! nǐkuàipǎoba!

白雪公主跑着跑着，看见一个小木屋。急忙敲门:
báixuěgōngzhǔpǎozhepǎozhe, kànjiànyígexiǎomùwū。jímángqiāomén:

"有人吗"
yǒurénma?

她走进小木屋，发现里面一个人也没有，只有七张小床。
tāzǒujìnxiǎomùwū, fāxiànlǐmiànyígerényěméiyǒu, zhǐyǒuqīzhāngxiǎochuáng

跑 pǎo 달리다. 뛰다

사냥꾼은 차마 백설공주를 죽일 수 없어서 말했어요. "백설공주, 왕비가 당신을 죽이려고 해요! 빨리 도망가세요!" 백설공주는 달리고 또 달리다가, 한 오두막을 발견하고, 급히 문을 두드렸어요. "누구 계세요?" 그녀는 오두막 안으로 들어갔어요. 안에는 아무도 없었고, 오직 작은 침대 7개만 덩그러니 있었어요.

她又累又饿，躺在小床上就睡着了。
tāyòulèiyòuè, tǎngzàixiǎochuángshangjiùshuìzháole

"她真美丽呀!"　　"她的皮肤真白呀!"　　"她是谁?"
tāzhēnměilìya!　　tādepífūzhēnbáiya　　tāshìshéi?

这个时候，白雪公主醒过来。
zhègeshíhou, báixuěgōngzhǔxǐngguòlái

"我是白雪公主! 王后要杀我!"
wǒshìbáixuěgōngzhǔ! wánghòuyàoshāwǒ

七个小矮人同情白雪公主，就让她住下来了。
qīgexiǎoǎiréntóngqíngbáixuěgōngzhǔ, jiùràngtāzhùxiàláile

木屋 mùwū 통나무집

急忙 jímáng 급히

敲门 qiāomén 노크하다

发现 fāxiàn 발견하다

累 lèi 힘들다

饿 è 배고프다

躺 tǎng 눕다

睡着 shuìzháo 잠들다

醒 xǐng 깨다

小矮人 xiǎoǎirén 난쟁이

同情 tóngqíng 동정하다

그녀는 피곤하고, 배가 고파서 작은 침대에 누워 바로 잠이 들었어요. "그녀는 진짜 너무 아름다워!", "그녀의 피부는 어쩜 이리 흴까!", "그녀는 누굴까?" 이 때, 백설공주가 깨어났어요. "왕비가 저를 죽이려고 해요!" 일곱 난쟁이들은 백설공주가 가여워서 여기서 지낼 수 있게 해줬어요.

有一天，王后拿着毒苹果，变成老奶奶找到白雪公主。
yǒuyìtiān, wánghòunázhedúpíngguǒ, biànchénglǎonǎinaizhǎodàobáixuěgōngzhǔ

"老奶奶，早上好！"
lǎonǎinai, zǎoshanghǎo!

"美丽的女孩儿，送你一个甜甜的苹果。"
měilìdenǚháir, sòngnǐyígetiántiándepíngguǒ

白雪公主才吃了一口，就昏死过去了。
báixuě gōngzhǔcáichīleyìkǒu, jiùhūnsǐguòqùle

七个小矮人，非常伤心。这时候，一位王子路过。
qīgexiǎoǎirén, fēichángshāngxīn。zhèshíhou, yíwèiwángzǐlùguò

让 ràng …하게 하다

拿 ná 쥐다. 가지다

毒 dú 독

变成 biànchéng 변하다

找到 zhǎodào 찾다

住 zhù 살다

送 sòng 보내다. 전달하다

甜 tián 달다

才 cái 겨우

昏死 hūnsǐ 기절하다

伤心 shāngxīn 상심하다. 슬퍼하다

路过 lùguò 지나다. 경유하다

어느 날, 왕비는 독사과를 들고, 할머니로 변신해서 백설공주를 찾아왔어요. "할머니, 좋은 아침이에요!", "아름다운 소녀여, 당신에게 이 달달한 사과를 선물하겠어요." 백설공주는 고작 한 입만 먹었을 뿐인데, 바로 기절하고 말았어요. 일곱 난쟁이들은 몹시 마음이 아팠어요. 이 때, 한 왕자가 지나갔어요.

王子看到美丽的白雪公主，情不自禁吻了她。
wángzǐkàndàoméilìdebáixuěgōngzhǔ, qíngbùzìjìnwěnletā

突然，白雪公主醒过来。
tūrán, báixuěgōngzhǔxǐngguòlái

七个小矮人，欢喜地说
qīgexiǎoǎirén, huānxǐdeshuō

"白雪公主醒过来了!"
báixuěgōngzhǔxǐngguòláile

王子握着公主的双手，温柔地说:
wángzǐwòzhegōngzhǔdeshuāngshǒu, wēnróudeshuō:

"公主，你愿意做我的王妃吗?"
gōngzhǔ, nǐyuànyìzuòwǒdewángfēima?

公主很感动，点头答应了王子的求婚。
gōngzhǔhěngǎndòng, diǎntóudāyìnglewángzǐdeqiúhūn

从此，王子和白雪公主幸福地生活在一起。
cóngcǐ, wángzǐhébáixuěgōngzhǔxìngfúdeshēnghuózàiyìqǐ

情不自禁 qíngbùzìjīn
　感정을 스스로 억제하기 힘들다
吻 wěn 입맞춤하다
突然 tūrán 갑자기
欢喜 huānxǐ 기쁘다. 즐겁다
握 wò 잡다. 쥐다
温柔 wēnróu 부드럽다. 상냥하다
愿意 yuànyì 동의하다. 희망하다
王妃 wángfēi 왕비

感动 gǎndòng 감동하다
点头 diǎntóu 고개를 끄덕이다
答应 dāyìng 응답하다. 동의하다
求婚 qiúhūn 구혼하다
幸福 xìngfú 행복하다
生活 shēnghuó 생활하다

왕자는 아름다운 백설공주를 발견하고, 자기도 모르게 그녀에게 키스했어요. 갑자기, 백설공주가 깨어났어요. 일곱 난쟁이들은 기뻐하며 말했어요. "백설공주가 깨어났다!"왕자는 백설공주의 두 손을 잡고, 부드럽게 말했어요. "공주, 나의 왕비가 되어주겠소?" 공주는 감동하였고, 왕자의 청혼에 고개를 끄덕였어요. 그 후로, 왕자와 백설공주는 함께 행복하게 살았답니다.

본문해석

01 介绍一下吧 소개해 보세요.

준호 안녕!

선영 안녕! 너는 이름이 뭐니?

준호 나는 이준호라고 해. '영준하다'의 '준', '엄청나게 크다'의 '클 호'자를 써.

선영 나는 김선영이라고 해. '선량하다'의 '선', '영웅'의 '영'자를 써.

준호 너는 어느 학교에 다니고 있어?

선영 나는 상화대학교에 다니고 있어. 너는?

준호 나는 한중대학교에 다니고 있고, 지금 1학년에 재학 중이야.

선영 너는 올해 몇 살이야?

준호 나는 올해 스무 살이야.

선영 공교롭게도 우리는 동갑이야!

준호 너의 생일은 언제니?

선영 내 생일은 1998년 8월 18일이야.

준호 내 생일은 1998년 10월 10일이야.

선영 너희 가족은 몇 명이야?

준호 네 명이야. 아빠, 엄마, 누나, 그리고 나.

선영 너의 누나는 무슨 일을 하셔?

준호 우리 누나는 승무원이야. 공항에서 일해.

선영 우와! 너무 부럽다!

02 号码是多少? 번호가 어떻게 돼요?

샤오롱 주리야, 좋은 아침이야!

주리 샤오롱, 오래간만이야!

샤오롱 오늘, 너 수업 있어?

주리 있지. 나는 9시에 회화수업을 들어.

샤오롱 나도 9시에 수업이 있어. 문법수업이야.

주리 너는 몇 호 강의실에서 수업해?

샤오롱 나는 1508호에서 수업해.

주리　나는 1808호에서 수업해. 우리 끝나고, 같이 밥 먹자.

샤오롱 좋아! 너 내 새 폰 번호 있어?

주리　없어. 너가 나한테 알려줘.

샤오롱 010-6649-3520이야.

주리　수업 끝나고, 내가 전화할게.

샤오롱 알았어! 너의 전화 기다릴게!

주리　그러면 조금 이따가 보자!

샤오롱 안녕!

03 你在干什么? 당신은 무엇을 하고 있나요?

샤오롱 여보세요. 선영아, 너 지금 어디야?

선영　나 지금 기숙사에 있어!

샤오롱 너 기숙사에서 뭐해?

선영　나는 지금 중국어 숙제 하고 있어.

샤오롱 주리는 뭐 하고 있어?

선영　주리는 지금 주방에서 요리하고 있어.

샤오롱 너희 저녁에 뭐 먹어?

선영　우리는 계란볶음밥을 먹을 거야. 너 무슨 일 있어?

샤오롱 내일 토요일인데, 너희 무슨 계획 있니?

선영　내일 주리는 남자친구 만나러 가고, 나는 아무 계획도 없어.

샤오롱 때마침 나한테 영화표 두 장이 있는데, 같이 가자!

선영　완전 좋아! 나 영화 본 지 진짜 오래 됐어.

샤오롱 그러면 내일 저녁 7시에 내가 기숙사 입구에서 기다릴게.

선영　알겠어. 내일 보자!

04 明洞怎么走 명동에 어떻게 가요?

준호 주리야, 너 명동에 자주 가니?

주리 응. 나는 남자친구랑 자주 명동에 가서 놀아.

준호 오늘 나 명동에 가보려고 해. 그런데 어떻게 가는지 모르겠어.

주리 120번 버스를 타도록 해.

준호 120번 버스 정류장은 어디에 있어?

주리 앞으로 쭉 가다가 보면 편의점이 하나 있을 거야. 그 옆에 바로 있어.

준호 편의점은 여기에서 멀어?

주리 그렇게 멀지 않아. 약 100미터 정도 가면 바로 도착해.

준호 고마워!

주리 천만에! 나도 버스정류장 가는데, 우리 같은 방향이야.

준호 진짜 잘 됐다. 같이 가자.

05 一杯多少钱? 한 잔에 얼마예요?

사장님 어서 오세요!

준호 사장님, 여기 뭐가 제일 맛있어요?

사장님 수박주스, 포도주스 다 맛있습니다.

준호 수박주스는 얼마예요?

사장님 한 잔에 29원입니다.

준호 포도주스는요?

사장님 가격은 똑같이 29원입니다.

준호 아이스커피는 한 잔에 얼마예요?

사장님 아이스커피는 과일주스보다 쌉니다. 한잔에 20원입니다.

준호 그러면 아이스커피로 한 잔 주세요.

사장님 카드결제 하시겠습니까 아니면 현금결제 하시겠습니까?

준호 카드로 할게요.

06 便宜点儿吧 할인해 주세요.

선영   주리야, 오늘 백화점에서 할인행사한대.

주리   정말이야? 나 마침 치마 한 벌 사고 싶었어!

선영   의류는 다 40% 할인이래. 우리 빨리 가보자.

주리   너무 좋아. 우리 지금 바로 출발하자.

(선영이와 주리 백화점에 도착)

판매원 어서 오세요! 두 분 무엇을 사고 싶으신가요?

주리   저는 치마 한 벌을 사고 싶어요.

판매원 고객님은 어떤 디자인을 좋아하세요? 제가 고객님 도와서 추천해드릴게요.

선영   주리야, 너가 보기에 이 치마 어때?

주리   이 디자인 진짜 너무 예쁘다. 한 번 입어볼 수 있을까요?

판매원 고객님, 어떤 사이즈 입으세요?

주리   저는 작은 사이즈 입어요. 빨간색도 있나요?

판매원 빨간색은 품절됐어요. 검정색도 괜찮으세요?

선영   검정색도 예뻐. 주리야, 한 번 입어봐.

판매원 크지도 작지도 않고, 딱 맞네요!

주리   얼마예요?

선영   저희 두 벌 사려고 하는데 좀 싸게 해주세요.

판매원 알겠습니다. 50% 할인해서 총 580원입니다.

07 天气冷不冷? 날씨가 추운가요?

선영   주리야, 너 지금 뭐해?

주리   나 지금 일기 예보 보고 있어.

선영   오늘 날씨는 어때?

주리   오늘은 흐리네.

선영   그러면, 오늘 추워?

주리   오늘은 어제보다 추워. 게다가 바람도 불어.

선영   우리 옷을 좀 많이 껴입자.

주리   알겠어. 나는 점퍼를 입었어.

선영   오늘 비 와?

주리   일기 예보에 따르면, 오늘 비 온대.

선영   우리 우산 챙기자.

주리   좋아! 우리 지각하겠다. 빨리 가자.

CHAPTER

08   你感冒了吗? 감기에 걸렸어요?

선영   샤오롱, 주리는 오늘 수업 들으러 올 수 없어.

샤오롱 그녀에게 무슨 일 있어?

선영   그녀는 아파. 감기에 걸렸어.

샤오롱 수업 끝나고, 우리 그녀를 보러 가자.

(기숙사)

선영   주리야, 샤오롱이 너를 보러 왔어.

주리   샤오롱, 병문안 와줘서 고마워.

샤오롱 너 감기 걸렸다고 들었어. 지금은 좀 어때?

주리   머리가 아프고, 열이 나고, 온 몸에 힘이 없어.

선영   우리가 너랑 병원에 같이 가줄게.

주리   괜찮아. 나 약 먹었어.

샤오롱 물도 많이 마시고, 과일도 많이 먹어야 해!

주리   어제 저녁에 친구랑 술 한 잔 했는데, 감기에 걸렸어.

샤오롱 이건 내가 산 사과야. 건강하길 바라!

주리   정말 고마워. 너희도 몸조심해.

CHAPTER

09   周末有空吗? 주말에 시간 있어요?

(네 사람은 카페에 있다.)

준호   주리야, 너 감기는 좀 괜찮아졌어?

주리   이미 다 낫지. 걱정 하지 마.

선영   준호야, 이번 주말에 시간 있어?

샤오롱 주말에 내가 선영이랑 주리 우리 집에 초대해서 같이 놀기로 했어. 너도 와.

주리   샤오롱네 서울에서 인천으로 이사했대. 우리 같이 축하해주러 가자.

준호   좋아! 마침 나 주말에 시간 있어.

샤오롱 우리 집은 인천 차이나타운 근처야.

선영   차이나타운! 나 방학 때 거기에 가봤어.

준호   나도 들어본 적 있어. 거기에 유명한 중국 먹거리도 많잖아.

주리   나는 특히 양꼬치랑 마라탕이 너무 먹고 싶어.

선영   거기 훠궈도 오리지널이야.

준호   일요일 오전 11시에 우리 차이나타운 입구에서 만나자.

샤오롱 알았어. 내가 가이드가 되어줄게.
       먼저 차이나타운을 돌아다니고, 그리고 나서 양꼬치를 먹자.

CHAPTER 09 来我家玩吧 우리 집에 놀러 오세요.

(샤오롱의 집)

샤오롱 내 집에 온 것을 환영해!

주리   우와! 샤오롱, 너의 새 집 진짜 넓다!

준호   방은 깔끔하면서 예쁘다. 진짜 짱이야!

선영   애들아, 이것 좀 봐. 게다가 바다도 볼 수 있어!

샤오롱 너희 여기 앉아! 우선 조금 쉬어.

주리   이건 내가 산 휴지야. 너의 모든 일이 순조롭게 풀리길 바랄게.
       (또는 승승장구하길 바랄게)

선영   나는 액체 세제를 사왔어. 좋은 일만 가득하길 바라!

준호   나는 맥주 한 박스를 사왔어. 우리 축하하자!

샤오롱 너무 고마워. 너희 저녁에 뭐 먹고 싶어?

주리   저녁은 우리 배달을 시키자. 어때?

선영   좋아! 맥주 마시면서 치킨도 먹자.

준호   또 노래도 부를 수 있고, 영화도 볼 수 있어.

샤오롱 좋은 생각이야! 내가 바로 전화해서 배달을 시킬게.

▌저자소개

崔明淑

북경사범대학 대학원 문학박사
현 상명대학교 중국어권지역학과 교수

논문「중국 '西北风' 음악의 민족화 고찰」
　　　「중국 少数民族음악의 流行化 문화현상 연구」외 다수
저서『校园汉语』(初级),『应用文写作』

중국 국가대극원(国家大剧院) 오페라단 전속단원
歌剧〈서시(西施)〉,〈백모녀(白毛女)〉,〈투란도트(图兰朵)〉,
　　　〈부흥지로(复兴之路)〉외 다수
오페라〈카르멘〉,〈나비부인〉,〈라 트라비아타〉,〈사랑의 묘약〉외 다수 출연

대학생활을 위한

중국어회화 기초향상

초판 인쇄　2017년 9월 1일
초판 발행　2017년 9월 10일

저　　　자 | 崔明淑
삽　　　화 | 洪D.
펴 낸 이 | 김미화
펴 낸 곳 | 인터북스

주　　　소 | 서울시 은평구 대조동 221-4
전　　　화 | (02)353-9908　편집부(02)356-9903
팩　　　스 | (02)6959-8234
홈페이지 | http://hakgobang.co.kr
전자우편 | interbooks@chol.com
등록번호 | 제311-2008-000040호

ISBN 978-89-94138-52-7 13720

값 : 14,000원